中東紛争

イスラム過激派の系譜から
ガザ危機・シリア革命の深層まで

黒井文太郎

星海社

JN198001

336

SEIKAISHA
SHINSHO

はじめに

中東は今も戦乱の中にあります。

ガザ地区では、2023年10月7日にパレスチナ人組織「ハマス」の武装集団が、地区を囲む壁を壊して周囲のイスラエルの町を襲撃し、約1200人を殺害し、約250人を拉致《らち》しました。イスラエル軍はすかさずハマス殲滅《せんめつ》のためにガザ攻撃を始めましたが、ハマス戦闘員は住民の中に紛《まぎ》れているため、ガザ住民ごと町を破壊する殺戮《さつりく》を行ない、本稿執筆の2025年3月時点で、人口およそ200万人のガザ市民のうち4万8000人という死者を出しています。

また、このガザ紛争をきっかけに、レバノンの民兵組織「ヒズボラ」がイスラエルを攻撃。双方の攻防はやがてイスラエル軍のレバノンへの大規模な空爆にエスカレートし、4000人以上が殺害されました。

ヒズボラは同じ宗派のイランの事実上の指揮下にあるので、ヒズボラを背後で操るイランとイスラエルの緊張も高まります。シリアを活動拠点にヒズボラやパレスチナ武装組織を指揮するイランの秘密工作機関「コッズ部隊」将校をイスラエル軍は殺害していきますが、2

024年4月には彼らが会合していた在シリア・イラン大使館付随施設を空爆したことで、イランとイスラエルが初めて直接、互いにミサイルで攻撃し合うという事態になりました。同年9月にイスラエル軍がヒズボラ最高指導者を殺害したことで、双方は2回目のミサイル攻撃の応酬《おうしゅう》に至っています。

イランはかねて核兵器開発を行なってきましたが、イスラエルや米国の反発を警戒し、兵器化の一歩手前に留《とど》めてきました。しかし、イスラエルとイランの緊張激化で、イランがいよいよ兵器化に踏み出す可能性があります。また、イスラエル国内では、ハマスやヒズボラを叩いた勢いで、自分たちにとって最大の脅威であるイランの核開発施設を「さっさと攻撃してしまえ」との声も高まっています。

イスラエルを攻撃している勢力は他にもあります。イエメンの「フーシ派」という新興勢力はイランのコッズ部隊から軍事支援・指導を受けており、おそらくコッズ部隊の指示でイスラエルをミサイルやドローンで攻撃しています。フーシ派は「イスラエル関連船舶を攻撃する」として紅海の海峡《かいきょう》を通過する船舶への攻撃を始めましたが、やがて西側の船舶に標的を拡大。欧州からアジアへ向かう船舶が紅海を通れなくなり、南アフリカまわりとなって物資の輸送費が高騰《こうとう》するなど、日本にも大きな影響が出ています。

シリアでも2024年12月に大きな出来事がありました。父子2代で54年間にもわたる恐怖支配の独裁体制を敷いてきた「アサド政権」が、反体制派「シャーム解放機構」(HTS)

を中心とするゲリラ部隊の蜂起によって打倒されたのです。同国では2011年の〝アラブの春〟で民主化運動が発生し、それを独裁政権が武力で弾圧したことで激しい紛争となり、60万人以上が殺害されるという21世紀最悪の大虐殺《ぎゃくさつ》が起きていたのですが、そんな最悪の独裁政権がようやく崩壊しました。殺戮が続く中東での唯一の明るいニュースといえます。

もっとも、中東の戦乱は現在だけの話ではありません。中東の歴史では、地域全体が平和だったことはありません。第2次世界大戦後を振り返るだけでも、中東はまるで現代の戦国史のような様相を呈しています。紛争が生まれる要素は、大きく分けると4つあります。

1つめは、宗教です。中東にはさまざまな宗教社会がありますが、宗派集団同士による抗争が起きることがあります。たとえばレバノンでは、キリスト教マロン派、イスラム教のスンニ派、シーア派、ドルーズ派などが争って長く内戦化したことがあります。

宗教系抗争の起爆剤として特筆すべきは、イスラム教スンニ派の過激派の系譜です。中東ではスンニ派が多数派ですが、彼らの中から戦闘的グループがいくつも誕生してきました。「モスレム同胞団」「ジハード団」「アルカイダ」「イスラム国（IS）」などです。多くの場合、こうした過激派は突然出現するのではなく、人脈が連綿と繋がっています。

2つめは、イスラエルの建国です。もともとアラブ人が住んでいたパレスチナに、第2次世界大戦後にイスラエルが建国され、パレスチナ人を追い出しました。イスラエルはアラブ人社会と敵対し、幾度も〝中東戦争〟が起きました。

また、追い出されたパレスチナ人の側は抵抗闘争を始め、かつてはPLO（パレスチナ解放機構）らのパレスチナ・ゲリラがハイジャック闘争など激しい戦いを挑んできました。なんとか互いに妥協して共存できないかと調停の試みが何度かありましたが、失敗しています。今でもイスラエルは占領地でパレスチナ住民を弾圧し続けていますし、パレスチナ側ではハマスなどが前述した奇襲テロなどを行なっています。

3つめは、独裁者たちの蛮行です。中東の多くの国は、今でも非民主的な独裁国です。そんな独裁政権の中に、他国に脅威《きょうい》を与えてきた国々があります。

たとえばイラクのサダム・フセイン政権はイラン・イラク戦争を仕掛けたり、クウェート侵攻から湾岸危機・湾岸戦争を引き起こしたりしました。また、そのフセイン政権に加えて、シリアのアサド政権やリビアのカダフィ政権などは、権謀の一環として外国のテロ組織を支援しました。

さらに多くの独裁政権は、自由を求める自国民を過酷に弾圧してきました。叛乱《はんらん》が起きたイラク、リビア、シリアなどでは、独裁政権が自国民を大規模に殺戮しました。あるいはイエメンはかつて冷戦時代に南北に分裂した国でしたが、冷戦終結後は権力層の争いで内戦化しました。これも〝権力者〟たちが紛争の主原因になっています。

4つめは、イランの対外工作です。1979年にイスラム政権になったイランは〝革命の輸出〟を掲《かか》げて、国外に自分たちの勢力圏を広げる対外工作を続けてきました。実際、現在に至るも中東のさまざまな抗争の裏で、イラン工作機関「コッズ部隊」が暗躍しています。彼らは自分たちの謀略をイスラム革命の大義としており、謀略の熱情は一向に衰えを見せません。

2020年代半ばの現在、アルカイダとISがピークを過ぎたイスラム教スンニ派の過激派は、活動退潮期に入っています。独裁者もサダム・フセインがイラク戦争で、カダフィが〝アラブの春〟の内戦で、アサドが反体制派の革命で打倒されており、今は大規模紛争の主役というほどの存在は見当たりません。

現在の中東の紛争では、イスラエルとイランの存在感が突出しています。そんな現在の〝紛争の構図〟と、ここに至るまでの経緯を振り返ると、そこにはさまざまなキーマン、すなわち重要な役割を果たした人物たちがいたことがわかります。中東の紛争史は、人間たちの思惑がぶつかり合うドラマの連続でもあるのです。

目次

第1部 激動の中東 2024〜2025 27

第1章 シリア独裁を倒した元ジハード戦士・シャーム解放機構の奇跡 28

第2章 レバノン・ポケベル爆弾の衝撃とイスラエル情報機関・モサドの暗躍

第3章

イラン破壊工作機関・コッズ部隊&ヒズボラVSイスラエルの攻防

第7章 イラン革命とホメイニの暗殺部隊

第3部 蠢く地下テロ水脈 183

第8章 アルカイダとつながる反米イスラム人脈 184

第10章 イスラム国成立とスンニ派過激主義の盛衰 232

序章

トランプ大統領が掻きまわす中東

「米国がガザ地区を所有する」

2025年2月4日、イスラエルのベンヤミン・ネタニヤフ首相とホワイトハウスで会談した後の記者会見で、トランプ大統領の口から驚くべき言葉が飛び出した。

「米国が引き取って、破壊された街で不発弾処理をして更地にする。そしてリゾートとして開発する」

「住民は他のアラブの国々に引き取ってもらう。その費用は中東の裕福な国々が負担すべきだ。そのほうがガザの人々も安全で快適な暮らしができる」

「ただし、彼らは戻るわけにいかない。戻れば、同じような悲惨な状態が数百年も続くだろう」

ガザには現在、180万人以上が暮らしているが、彼らを全員追い出すというのだ。これは、パレスチナ全体を〝ユダヤ人が神から与えられた土地〟だと主張するイスラエルの宗教右派の政治家がよく言うことだが、ガザ住民は怒り心頭であり、しかも周辺国はどこも受け入れるはずがない。

トランプとしては最高のアイデアを思い付いたと思い込んでいるのかもしれないが、そんな思い付きで振り回される側はたまらないだろう。

中東の問題にかぎらず、グリーンランドを買うと言ったり、パナマ運河を奪還すると言ったり、24時間でロシア＝ウクライナ戦争を停戦させてみせると言ったりと、思い付きで突飛なことを次から次へと言い出すトランプ大統領の登場で、世界は翻弄《ほんろう》されまくっている。

では、実際、トランプ政権は中東でどんな政策を実行していくのか。

たとえば、2017年1月から4年間の第1期トランプ政権の中東政策は、きわめて特殊なものだった。トランプは自分のやったことはすべて最高のディール（取り引き）だと考えるタイプの人物なので、第2期政権でも基本的には前回の路線を踏襲する可能性がきわめて高い。

第1期トランプ政権の中東政策

イスラエル＝パレスチナ問題に関しては、一貫して徹底したイスラエル支持である。第1期政権時には、その地位をめぐって両陣営が対立しているエルサレムをイスラエルの首都と認め、米国大使館をテルアビブからエルサレムに移転した。また、国際的にはシリアの主権が認められているイスラエル占領下のゴラン高原を、イスラエル領と認めた。

さらに、イスラエルが求めていた湾岸アラブ諸国との接近を後押しし、アラブ首長国連邦（UAE）との国交正常化のアブラハム合意を仲介した。アブラハム合意はその後、バーレーン、スーダン、モロッコとの国交正常化に拡大。サウジアラビアとの交渉も進めた。

第1期トランプ政権では、トランプの娘婿のジャレッド・クシュナーを上級顧問に迎え、中東政策を主導させた。クシュナーは父親がネタニヤフ首相の後援者でもあった実業家で、トランプ政権はネタニヤフと特別な関係を築いた。

それに、もともとトランプは米国社会で強い影響力を持つ右派勢力であるキリスト教プロテスタント系の福音派が支持基盤だった。福音派は在米ユダヤ人以上に親イスラエルであり、トランプ自身も当然、元来からイスラエル寄りの姿勢だった。

白人至上主義者も多い米国の政治的極右勢力と親和性の高いトランプは、もともと有色人種系の移民に強い反発を示しており、イスラム教徒移民にも厳しい立場だった。とくにイスラム主義には激しい敵意を明らかにしており、当然ながらイスラム過激派の根絶にはこだわった。第1期政権では、中東には他にもさまざまな問題があったが、IS殲滅は常に最優先した。

反イスラムの延長で、ISに続いてトランプが絶対的に敵視したのが、イランである。トランプはオバマ前政権の政策を全否定する延長で、オバマがEUや国連とともにイランと結んでいた包括的共同作業計画（JCPOA）を破棄した。これは、イランが核計画を抑制することと引き換えに、同国への経済制裁を解除する、いわゆる「核合意」と呼ばれていたものだが、これを破棄して経済制裁を再開した。

オバマ前政権の否定ということでは、シリアへの空爆も行なった。シリアのアサド政権をめぐっては、オバマ前大統領は「アサド政権が化学兵器を使用したらレッドラインだ」と公言していたものの、実際にサリンが使われても軍事介入を躊躇《ちゅうちょ》した。トランプはオバマ批判のパフォーマンスで、アサド軍が化学兵器を使った際に、米海軍に関連基地・施設へのミサイル攻撃を命じた。

もっとも、トランプはシリアの民主化などに興味はなく、それ以上の介入はしなかった。米国ファーストを掲げるトランプからすれば、カネの余計な持ち出しになる外国への軍事介入は、米国の利益にならないということだ。

親イスラエルと反イスラム、陰謀論のエコーチェンバー

2025年1月に始動した2期目のトランプ政権は、さっそくいくつかの政策を打ち出した。大統領就任後の初の外国首脳との会談となったネタニヤフとの会談では、全面的なイスラエル支持を表明。前述したような〝迷言〟も飛び出した。

バイデン前政権が停止していた一部兵器のイスラエルへの輸出も再開。暴力行為を理由にバイデン前政権が一部の過激なユダヤ人入植者に発していた制裁措置も終了させた。パレスチナ難民の命綱だった国連パレスチナ難民救済事業機関（UNRWA）から米国政府を撤退させ、ネタニヤフに逮捕状を出していた国際刑事裁判所（ICC）関係者に制裁を発動した。大統領就任前には、ハマスに対し「人質を解放しなければ、米国が報いを受けさせる」とも発言している。

2024年の大統領選で米国のアラブ系国民の中には、バイデン政権のイスラエル支持を批判してトランプに投票した人も多かったが、完全に裏目に出た。イスラエル支持ではあったが、まだ当時のブリンケン国務長官はイスラエルに非人道的行為の抑制を要請していたし、大統領候補でもあったハリス副大統領も人道的な観点の発言をしていた。トランプはそうしたリベラル派の人権擁護的なスタンスに敵意を剝《む》き出しにしており、イスラエルにもむしろ「もっと徹底的にやれ」と言わんばかりの発言を繰り返している。

一方、イランに対してはまだ発言が一定していない。イランに対して厳しい態度なのは第

1期と変わらず、大統領就任前はイスラエルのイラン核施設攻撃を支持する発言などもしていたが、大統領就任後は、こちらもイスラエル支持でイラン非難は同じだが、核問題に関しては、軍事介入なしでも経済的圧力をかけて〝ディール〟することで、イランを屈服させることは可能だという発言が多い。

結局、対イランの大規模な軍事介入となれば、米軍の負担はかなり大きくなるので、「損だ」と考えているのだろう。イラン問題はトランプにとってはそれほど優先順位が高くないのだ。

シリアに関しては、まったく関心はなさそうだ。ただ、トランプ個人と関係が深い怪人物が政権の国家安全保障会議（NSC）テロ対策責任者の大統領副補佐官に任命されており、この人物がアサド政権を倒したシリア新政権を「イスラム過激派だ」と発言している。ハンガリー系イギリス移民出身のセバスチャン・ゴルカという人物で、もともと右翼系ネットメディアでのイスラム差別煽動論客として知られ、第1期トランプ政権でも政府中枢に起用されたが、ハンガリー極右勢力との繋がりでセキュリティ・クリアランスの問題も指摘されている。シリア事情に疎《うと》いイスラム嫌悪のこうした人物の言葉が、今のトランプの耳には直接届くしくみになっているので、米国政府が適正な判断をするのは期待できない。

2月13日、シリア新政府を支援するための国際会議がパリで開催され、欧米や中東の20カ国の政府代表が集まった。日本を含む参加国は「支援に万全を尽くす」との共同声明で合意したが、唯一、米国代表だけは署名しなかった。

イスラム差別主義者のテロ対策担当大統領副補佐官も問題だが、トランプ政権の中東担当者の顔ぶれもかなり特殊だ。イスラエル＝ハマス交渉も担当する米政府の中東担当特使に任命されたのは、外交経験皆無のスティーブ・ウィトコフだ。彼はトランプのゴルフ仲間の不動産王で、それだけの理由でこの重責に就いたが、トランプとの関係から全面的な権限を与えられている。ただ、すでにプーチンと会談し、ロシア側のプロパガンダをトランプに伝えるなど、ロシアに工作をかけられている形跡がある。

次期駐イスラエル大使となるマイク・ハッカビーは福音派の牧師でもある元アーカンソー州知事だが、熱烈なイスラエル支持者で、イスラエルは占領地含めてユダヤ人が神から与えられた土地であり、パレスチナ人の存在そのものを認めないという極端な主張で知られる人物だ。

こうしてトランプの中東へのスタンスをみると、立場が明確なのは福音派との繋がりからのイスラエル支持と、極右勢力と繋がる反イスラム的な傾向だろう。なお、米国の極右は反ユダヤでもあるのだが、そこは距離をとっている。

もっとも、明確なのはそれくらいで、基本的にはさほど関心がない。人道問題にも関心がなく、むしろ人道問題で米国のカネを使うことには強く反対する。そもそも米国ファーストでの損得勘定は重視するので、紛争対策に米国のカネを使うような介入には原則的には反対なのだ。

その点、ビジネスチャンスにも繋がる話として、イスラエルとサウジアラビアの国交正常化交渉の仲介には乗り気だが、ガザ問題の現状ではサウジアラビアがイスラエルと接近することは不可能なため、そちらは進展していない。

留意すべきは、ウクライナ停戦仲介でも露呈しているように、周囲から有能な人材を排除し、重厚な政府機関のインテリジェンス（情報収集・分析）機構を破壊し、バイデン政権時代にトランプを擁護した陰謀論系人材ばかりを集めてしまっている政権内部で、トランプが陰謀論の「エコーチェンバー」（フェイク情報が反響する隔離された空間）に入り込んでしまっていることだ。この陰謀論の結界では、ロシアが仕掛ける心理戦の影響がきわめて大きい。ウクライナ問題に限らず、中東問題でもロシアの誘導工作にトランプが操られる可能性が懸念される。

第1部

激動の中東 2024〜2025

第1章

シリア独裁を倒した元ジハード戦士・シャーム解放機構の奇跡

2024年12月、中東・シリアで奇跡が起きた。父子で54年間も独裁体制を続けてきたアサド政権が打倒されたのだ。

倒したのは、シリア北西部のイドリブ県を中心とする狭い地域でなんとか勢力をキープしていたイスラム系武装組織「シャーム解放機構」（HTS）を中心とした反体制派武装勢力で、彼らがシリア北部の大都市であるアレッポを目指して奇襲攻撃を開始したのが11月27日。その後、同月30日にアレッポを制圧し、さらにハマ、ホムスと瞬《また》く間に南下して、首都ダマスカスを制圧したのは12月8日。わずか12日でその革命は成功したのだ。

これは、世界中のシリア情勢ウォッチャーの誰もが想像すらしていなかったことだ。おそらく反体制派ゲリラの幹部たちでさえ、ここまでうまくいくとは驚きだったろう。まさに奇跡が起きたとしか言いようがない。

なぜなら最凶の独裁者を倒すために、それまで13年以上にわたって実に多くのシリア人が血の滲《にじ》むような思いでレジスタンスとして戦い、そして斃《たお》れていった経緯があったからだ。

そもそもシリアは1970年から54年にもわたるアサド父子の二代による独裁体制の恐怖支配が続いてきた。では、なぜ独裁体制が半世紀以上も続いてきたのかというと、バッシャール・アサド前大統領の父親であるハーフェズ・アサド元大統領が、鉄壁の恐怖支配体制を作ってきたからだ。まず、そんなアサド家の独裁体制の成立の過程を見てみよう。

アサド家のシリア独裁は恐怖政治で成り立っていた

シリアはもともと16世紀からオスマン帝国の支配下にあったが、第1次世界大戦後はフランス委任統治領になった。第2次世界大戦後に独立し、共和国になったが、そこから1950年代にかけてはクーデターが頻発し、政情は安定しなかった。その時期、イスラエルと敵対したこともあり、ソ連が接近してきて、冷戦構造では早くからソ連の影響圏になっていた。一時期はエジプトと合同して国家を形成したこともあったが、長続きせずに解消している。1961年、やはりクーデターで政権が変わり、シリア・アラブ共和国という国名が採用された。

そんな60年代に、欧米への対抗という流れで台頭したのが「バース党」という勢力だった。アラブ民族主義と社会主義をミックスしたような綱領の政党だが、実際には熾烈《しれつ》な権力抗争の中で急伸してきた組織で、シリアでは60年代に政治的な主導権を握る。ただ、同じバース党の内部でも左翼イデオロギー色が強い「バース党急進派」と、そうでもない「バース党穏健・現実主義派」に分裂し、1970年に穏健・現実主義派がクーデターで政権を握った。その中心人物が国防大臣だったハーフェズ・アサド、つまり父アサドだ。

父アサドはバース党内を徹底的に粛清して独裁権力を握り、翌71年に大統領に就任した。したがって、正式に国家元首になったのは71年からだが、実際には70年から独裁権力を握っており、それが息子の代まで続く。つまりアサド家の独裁は実質的に54年間に及んだことになる。

父アサドはもともとソ連で訓練を受けた戦闘機乗りの軍人で、空軍司令官から国防相になり、大統領になった。したがって、軍部は押さえている。バース党と軍部を押さえたことで、シリア内での独裁権力は盤石なものだった。

しかし、それでもシリアはクーデター頻発国だ。父アサドは叛乱を未然に防ぐため、暴力による徹底した恐怖支配のしくみを作り上げた。なかでも力を入れたのは秘密警察だ。父アサドは中東の歴代独裁者の中でも、おそらく最強の秘密警察群を作り上げた。そのしくみは70年代にほぼ完成されており、2000年の父アサドの死後も息子のバッシャール・アサド政権はそれを踏襲した。息子アサドはいわば父が作った恐怖支配システムを受け継いだことで、独裁体制を維持できていたと言える。

なお、そんな父アサドが創り上げたシリアの治安機関・秘密警察は、大きく分けると「総合情報局」(通称「ムハバラート」)と「内務省」の2系統があった。ムハバラートは大統領直属の強大な秘密警察で、シリアでは裏の権力をもっとも握っていた。ムハバラートの下には、いくつも秘密警察セクションが設置されていた。「軍事情報部」「空軍情報部」「政治治安局」「秘密事務局」「内務治安部」「政府治安局」「民族治安局」「情報部」「海外情報局」「捜査部」「パレスチナ部」「対テロ部」「212部」「911部」「215部隊」など、その数はきわめて多い。

このうち、とくに軍事諜報機関兼軍内秘密警察である「軍事情報部」(通称「エスティハバラート」)、公安政治警察の「政治治安局」、独立系の秘密警察兼諜報機関である「空軍情報部」は、組織上はムハバラートの系列となっていたが、実際にはその指揮下にはなく、それぞれ独自の指揮系統を持っていて、大統領に直結し、互いに忠誠を競い合ってきた。複数の秘密警察の忠誠心を競わせるというのは、厳しい独裁体制ではよくあることだが、父アサドはそれが徹底していた。

ちなみに、なぜ空軍情報部がこんなポジションだったのかというと、前述したように父アサドがもともと空軍司令官出身で、最高権力の座に就いたあとも、腹心の空軍情報部に独自の諜報活動・公安活動の権限を与えたからだ。なので、空軍の情報セクションでありながら実際は空軍司令部をとばして、大統領に直結していた。空軍情報部はパレスチナ関係やテロ支援などの海外工作でも暗躍したが、国内でも反体制分子の密殺を主導しており、空軍情報部の管理する政治犯収容所に入ると「生きては出られない」と噂された。

また、軍事情報部も独自の強力な権限を持っており、軍・治安機関全体に睨《にら》みを利かせた。政治治安局はさしずめ「武装した特高警察」といったところで、政府高官でさえ震え上がる公安警察の最上位だった。

他方、内務省系には一般の警察と、公安警察である「総合治安局」(通称「アムン」)があった。一般の警察も諸外国の警察のような組織ではなく、要は独裁体制のための公安警察そのものだったが、アムンはそんな一般警察より上位の公安警察で、大規模な治安部隊も運用していた。内部には「国家治安部」「海外治安部」「パレスチナ関連部」の3つの主セクションがあり、数々の秘密工作も担ってきた。なお、ムハバラートとアムンには似たような名称の部局がいくつもあって、似たような任務を担当したが、大統領直属のムハバラートのほうが、内務省系のアムンよりもずっと格上だった。

こうした恐怖支配体制を作りながら70年代に独裁システムを完成させた父アサドだったが、70年代にはとくに力を入れて弾圧していた対象があった。エジプトを中心としてアラブ世界全体にネットワークを拡大していたイスラム主義組織「モスレム同胞団」である。

アサド家はシリアでは少数派になる独特の宗派コミュニティ「イスラム教アラウィ派」の出身で、多数派の他宗派を極度に警戒した。シリアの多数派はスンニ派で、少数派としてキリスト教徒、アラウィ派、シーア派、ドルーズ派、その他という構成だ。したがって、アサド独裁への潜在的なライバルとなる最大勢力はスンニ派であり、そのスンニ派に浸透していたモスレム同胞団を父アサドは徹底的に弾圧した。モスレム同胞団への弾圧は70年代を通して行われ、82年には同胞団の拠点だったハマを包囲し、住民ごと大虐殺してモスレム同胞団のネットワークを壊滅させた。

このような宗派弾圧の中で、父アサドは弾圧を実行する軍や秘密警察の忠誠心を揺るぎなくするため、自身の出身母体であるアラウィ派を登用した。もともとシリアは多宗派共存の社会だったが、こうして父アサドが宗派間の軋轢《あつれき》を作ったのである。

いずれにせよ82年のハマ虐殺の後は、恐怖支配の確立下で、父アサドの独裁に脅威となる勢力もなく、80年代、90年代は過ぎた。2000年に父アサドが病死して、次男のバッシャール・アサドが跡を継いだ。バッシャールは初期の数年、経済面で多少開放政策をとったため、アサド支持者は「バッシャールは改革者だ」とのナラティブを盛んに宣伝しているが、秘密警察による国民監視・恐怖支配は継続した。というか、世襲独裁はそれだから存続できた。バッシャールは父が遺した恐怖支配システムのおかげで独裁者としてふるまえたのだ。

バッシャール時代の恐怖支配を主導したキーマンは2人いた。1人はアーセフ・シャウカト軍事情報部長である。シャウカトはもともとエリート軍人だったが、若い頃にバッシャールの姉と結婚しており、バッシャールからすれば義兄にあたる。もっとも、この結婚に父アサドは反対しており、半ば駆け落ち同然の結婚だった。そこを姉思いのバッシャールが間に入って父を説得し、父が折れてアサド・ファミリーに迎え入れたという経緯があった。

そして、いったんファミリーとして認めた以上、父アサドはシャウカトを独裁システムの監督側に採りたてた。シャウカトは軍事情報部長のポストを与えられ、事実上、秘密警察システムの統括者になった。シャウカトはそんな経緯でバッシャールに恩義があり、父アサド死去後にバッシャールが世襲した際も、古株の軍高官たちを更迭《こうてつ》するなどして、バッシャールを強力に支えた。シャウカトは後に軍の参謀次長に転身するが、その後も秘密警察システムの事実上の統括者であり続けた。

バッシャールの恐怖支配を支えたもう1人は、実弟のマーヘル・アサド共和国防衛隊司令官である。彼は若い頃から粗暴な性格で有名で、父アサドが持てあましたほどだったが、兄が政権を継いだ後にアサド家の軍の統括担当となり、精鋭部隊である「共和国防衛隊」の司令官として軍全体に睨みを利かせた。彼はさらに、陸軍の師団の中でも最精鋭部隊である「第4師団」の実質的なオーナーでもあった。

民主化デモの武力弾圧からシリア内戦へ

そんな独裁体制に、シリア国民が民主化を求めて立ち上がったのは、2011年3月のことだ。それは、その数か月前から中東各国で隆盛した民主化運動「アラブの春」の影響だった。チュニジア、エジプトと相次いで独裁政権が民主化デモに打倒され、独裁政権だらけの中東全域に反独裁・民主化の気運が伝播《でんぱ》したのだ。

2011年3月に始まったシリアでの民主化デモも、瞬く間に全国規模に拡大した。シリアではほとんどの民間人は武器を持たないため、当初は非武装デモに終始した。2011年3月のうちに全国の各市町村の地元有志が自発的に「地域調整委員会」を創設し、デモを指導した。

しかし、それに対し、恐怖支配体制のアサド政権は武力での弾圧を強行する。武器を持たない大群衆の平和的なデモに対し、軍や治安部隊、アサド政権派の犯罪組織・民兵らが実弾で襲いかかった。丸腰のデモ参加者が一方的に殺戮される状況がしばらく続いたが、同年後半頃から少しずつ武装して抵抗する人々が現れる。アサド政権軍から国民側に転じた兵士が中心で、その他にも各地の若者たちが参加した。2011年7月、政権軍からの離脱将兵が「自由シリア軍」を結成した。

その後、自由シリア軍には各地の青壮年男性たちが続々と参加して、実質的な自警団連合のようなものとして全国規模に拡大した。シリアの男たちはみな兵役を経験しており、ある程度は武器の扱いを知っているが、その武器がなかった。彼らは政権軍の小さな監視所を襲撃して小火器を鹵獲《ろかく》し、武装していった。ただ、反体制派には強いリーダーシップを持つ存在がないのが問題だった。政治活動でもトルコを拠点に2011年8月に「シリア国民評議会」、2012年11月に「シリア国民連合」などの組織が創設されたが、指導者不足でろくに機能しなかった。

反体制派にはカタールやサウジアラビアなどの湾岸諸国から多少の支援もあったが、量的にまったく不十分で、反体制派グループのほとんどは自前で調達した貧弱な武器で戦った。その後、米国からの支援も始まったが、反体制派側の分裂などの問題があり、打ち切られた。逆にアサド政権側には、イランがイスラム革命防衛隊の対外工作機関「コッズ部隊」を軍事顧問として派遣し、アサド政権軍を指導した。

コッズ部隊は事実上の手下であるレバノンのシーア派武装勢力「ヒズボラ」にアサド軍支援を命令。ヒズボラは大部隊をシリアに投入し、反体制派が拠点にする町村を封鎖して兵糧攻めにするなど、きわめて残虐なシリア国民およびパレスチナ難民に対する虐殺を行なった。コッズ部隊はヒズボラだけでなく、やはり手下であるイラク民兵、さらにシーア派アフガニスタン人とシーア派パキスタン人の民兵もアサド政権軍支援に投入した。

人数的には反アサド派が国民レベルでは圧倒的多数派だったが、反体制派がわずかな武器しかないのに対し、アサド政権軍は戦車や装甲車、さらに空軍という武装面で圧倒的優位にあった。アサド軍は反体制派がいる町村を戦車砲や空爆で住民ごと殺戮した。2013年には化学兵器「サリン」も使用して、大量殺戮を行なった。

アサド政権軍のサリン使用に対しては、米国のオバマ政権がかねて「化学兵器使用はレッドラインだ」と宣言しており、米軍がアサド政権攻撃の準備に入るなどしてシリア国民にも期待が高まったが、結局、オバマは動かず、アサド政権軍はその後も住民への化学兵器使用を続けた。アサド政権軍ではそのうち爆弾が足りなくなって、ドラム缶を即席爆弾にした樽《たる》爆弾を多用し、人々を殺戮した。

当初、アサド政権側で弾圧指令を主導したのはシャウカト参謀次長とマーヘル・アサド共和国防衛隊司令官だったが、2012年にシャウカトは爆弾テロで殺害される。以後はマーヘルが主導したが、バッシャールもだんだんと慣れてきて、やがて率先して殺戮指令を出しまくるようになった。このように、2011年からの国民殺戮に関し、報道では当然、独裁者であるバッシャール・アサドが注目されるが、実際には殺戮指令を出しまくったのはバッシャールとマーヘルのアサド兄弟である。

なお、アサド兄弟の下で民主化運動弾圧を主導したのは、ジャミル・ハッサン空軍情報部長、アリ・マムルーク総合情報局長、ハーフェズ・マフルーフ総合情報局幹部、ムンゼル・アサド＋ファワズ・アサド（アサド派暴力団組織の通称「シャッビーハ」の親分）、スヘイル・ハッサン特殊戦力師団長（アレッポ殺戮の指揮官）、ムハマド・ハワシュ国家防衛隊（アサド派民兵）司令官などだった。他にも化学兵器「サリン」を住民攻撃に使った作戦などは、マーヘル・アサドの指示で彼の副官が指揮したとみられる。

こうした軍・秘密警察の統括者の他に、アサド兄弟の民主化運動弾圧に協力した重要人物に、実業家のラミ・マフルーフがいる。彼は国内の主要な産業を独占した政商で、アサド政権内で強大な発言力を持った人物である。ちなみに先述したアサド政権幹部の面々にアサド姓が多いのは、もちろんアサド一族だからである。アサド派暴力団のシャッビーハは、民主化運動のデモ隊を殺しまくった連中だが、その親分たちはバッシャールの従兄弟《いとこ》にあたる。さらにその息子たちもシャッビーハの指導者になっている。

またマフルーフ姓もあるが、これはバッシャールの母方の一族だ。政商のラミ・マフルーフもバッシャールの従兄弟になる。つまり、アサド政権は事実上のアサド一族支配であり、その配下の上層部はほぼアサド一族の出身地である沿岸地方出身のアラウィ派となっていたのである。

こうしてアサド政権側の戦力は優位にあり、国民の大虐殺という状況に陥ったが、なおも反体制派ゲリラの武装闘争は続き、2014年8月には反体制派各派の連絡組織として「シリア革命司令部評議会」も作られた。

敗勢のアサド政権に力を与えたイランとロシア

それでも反体制派は各地で勢力を伸ばした。2015年にサウジアラビアからTOW対戦車ミサイルなどが供与されるようになると、反体制派はアサド政権軍を各地で撃破した。そのまま反体制派がシリア主要部を広範囲に制圧し、2015年7月、ついにバッシャールは防衛線を首都ダマスカスおよび西部沿岸地方まで下げるという事実上の敗北宣言に近い声明を出すところまで追い詰められた。当時の流れは明らかに反体制派側にあった。

しかし、ようやく多数のシリア国民を殺戮してきたアサド独裁政権が終焉《しゅうえん》するかと思われたその時、イランが動いた。コッズ部隊の司令官がロシアに入って交渉。プーチン政権に軍事介入を要請し、プーチンが受諾。2015年9月にロシア空軍がシリアに派遣され、反体制派の拠点を一般住民ごと殲滅する大規模な空爆を開始し、戦局は逆転した。

その後はアサド政権軍とロシア軍とイラン指揮下の外国人部隊が、反体制派が拠点とする町をひとつずつ破壊していった。それは徹底的な破壊で、2016年12月にはアレッポが陥落。2018年4月には反体制派のシリア中心部の最後の牙城だったダマスカス近郊の東グータが陥落し、シリア主要部はアサド政権が広く掌握するに至った。反体制派武装勢力各派は北西部のイドリブ県周辺に押し込まれた。その過程で、樽爆弾や化学兵器も多用するアサド政権軍とロシア軍の無差別攻撃で、大量の難民・避難民が生じた。

この2018年以降は、シリアの中心部のエリアはアサド政権が制圧した。人口密度の薄いシリア北東部は、クルド人部隊「クルド人民防衛隊」(YPG)を主力とする独自勢力「シリア民主軍」(SDF)が掌握した。もっとも、SDFにはクルド人以外のアラブ人部隊も多く参加するようになり、SDF全体は多民族参加の組織になっている。その中には素行の悪いグループも多く、地元の住民とのトラブルも多かった。また、SDFはアサド政権と手打ちをし、協力関係も結んだ。SDFが掌握するエリアは比較的広いが、人口の少ない荒涼とした土漠地帯が多い。

さらに他の勢力としては、反体制派の一部がトルコの傭兵的な存在となり、「シリア国民軍」（SNA）と名乗った。SNAはトルコ軍の支援を得て、シリア北部のトルコ国境線に近い一部のエリアを掌握した。ただし、SNAも雑多な勢力の寄せ集めで、一枚岩の組織ではない。

2018年以降のシリアは、こうして西部のシリア中心部を兵力17万人のアサド政権が支配し、北西部のイドリブ県周辺を兵力7万人の反体制派が掌握し、東部を兵力10万人弱のSDFが掌握し、最北部のトルコ国境の一部を兵力10万人弱のSNAが押さえるというかたちに、大きく分けて四分された。

そのうちのアサド政権エリアには、アサド政権軍に加えて、アサド政権と同盟関係にあるロシア軍（主力は空軍）、ヒズボラやイラク民兵・アフガニスタン民兵などイラン指揮下の民兵部隊が展開した。また、シリア南部では地元の元反体制派の一部やドルーズ派部族の一部がアサド政権やロシアやイランと手を打ち、アサド政権に恭順して制限的な自派の存続を許された勢力もあった。

そして、これらの各勢力間では、アサド政権と同盟勢力は北西部の反体制派と激しく敵対関係を続けた。もっとも、武力の差は明らかで、基本的にはアサド政権軍やロシア軍が日常的にイドリブ県周辺を攻撃するという状況が続いた。シリア紛争は2018年頃からアサド政権の優位がほぼ決定的となっていたが、戦いが終わったわけではない。戦いの主軸は、アサド政権+同盟勢力と、イドリブ県を拠点とする反体制派の戦いだった。

その他、シリア全体からすればローカルな戦いだが、SNAとSDFの戦いもあった。トルコの傭兵的な存在のSNAはアサド政権とは対立する反体制派ではあるが、トルコの指示によってもっぱらSDFを主導するクルド人部隊のYPGと抗争した。

また、兵力は数千人規模と弱小となったIS（イスラム国）の残党勢力がシリア東部では潜伏しており、ときおりSDFと交戦した。そのIS対策のために数百人の米軍も南東部に駐留し、SDFと協力してIS残党をときおり攻撃した。駐留米軍の下請け的な存在のシリア人勢力「シリア自由軍」もあったが、兵力は数百人で、こちらはほとんど泡沫的な部隊だった。

いずれにせよ、こうしてシリア主要部での激しい戦闘は減った。アサド政権軍とロシア軍がイドリブ県周辺で民間人を標的とする空爆・砲撃を継続したが、戦況的には大きな変化はなくなった。国際社会でも、アラブ諸国などにアサド政権を受け入れる流れが出てきていた。もはやアサド独裁体制は盤石化したかに見えた。

イスラエル・ハマス紛争の間隙を衝いた反体制派の奇襲

ところが、そんな構図のシリア情勢に、２０２３年10月に始まったイスラエルとハマスの戦闘が大きな影響を与えた。

まず、世界の注目がイスラエル軍のガザ攻撃によるガザ住民の虐殺に集まった隙《すき》を衝《つ》いて、アサド政権軍とロシア軍がイドリブ県などシリア北西部への攻撃を激化させた。これにより、北西部の住民にまた大きな被害が出た。

さらに、ハマスを支援する立場でレバノンのヒズボラがイスラエルを攻撃したことから、イスラエル軍とヒズボラの戦闘が激化。その延長として、シリア国内のヒズボラ後方拠点および彼らの黒幕であるイラン工作機関「コッズ部隊」の拠点へ、イスラエル軍が空爆を激化させた。イスラエル軍はレバノンとシリアのヒズボラ拠点への攻撃を２０２４年９月からいっきに強化し、それによってヒズボラは壊滅的な被害を受けた。シリア国内でもヒズボラおよびコッズ部隊の活動は大打撃を受け、戦力は著しく低下した。

そうした事態を見て、２０２４年11月27日、北西部のイドリブ県を拠点とする反体制派が、アサド政権軍に対する奇襲に出たのだ。作戦の中心的勢力は、イドリブ県の最大勢力だった「シャーム解放機構」（ＨＴＳ）を中心に他の連携組織が合同した「軍事作戦局司令部」である。その軍事作戦局司令部に加え、ＨＴＳに近いＳＮＡの一派なども加わって「侵略抑止作戦室」と名乗り、奇襲作戦を開始したのである。

兵力でいえば、HTSが2~3万人、彼らを中心とする軍事作戦局司令部が6万人強とみられる。アサド政権を倒した主力は、この軍事作戦局司令部の6万人強のゲリラ部隊だった。

彼らと連携したSNAの一派は独自にアレッポ周辺などで勢力を拡大した。SDFはアサド政権と協力関係にあったが、もともと便宜的に協力していただけだったので、このドサクサに反アサドに転じ、アサド政権のエリアに進出して制圧地を拡大した。

11月27日に開始されたHTS主導の軍事作戦局司令部の奇襲攻撃に、アサド政権側のアレッポ防衛部隊は瞬く間に潰走《かいそう》した。実はアサド政権側でアレッポ防衛ラインの前線を守っていた主力はヒズボラやイラン系民兵、あるいはシリア人の親アサド派民兵「国民防衛隊」だったが、前者は対イスラエル戦で大きく戦力を縮小させており、後者も近年は反体制派との戦闘が沈静化したことからアサド政権からの予算が削減され、戦力を落としていた。反体制派部隊の奇襲に対し、最初に彼らが敗走した。反体制派は当然、ヒズボラやイラン系民兵の戦力弱体化を見て今回の作戦に打って出たわけだが、その狙いが的中したのだ。

ただし、彼らの後ろには重装備のアサド政権軍がいた。しかし、彼らもほとんど初戦で敗走した。大きな戦果を上げた主役は、HTSのドローン部隊だった。実はHTSは2019年頃より大規模なドローン部隊を育成しており、少人数の特殊部隊と組み合わせて敵地近くに接近して活動する精強な特殊ドローン部隊を編制していた。彼らが初戦で最前線のアサド政権軍指揮官やイラン人のコッズ部隊指揮官を次々と暗殺することに成功し、アサド政権軍の現地部隊が恐怖心から敵前逃亡する流れが生じた。

27日の奇襲開始からわずか3日後の11月30日にはアレッポが陥落した。そこからはもう雪崩現象だった。アサド政権軍は前線の兵士たちが崩れたというよりも、前線部隊の指揮官クラスが次々と戦わずに逃亡した。アサド政権軍の指揮系統はかなり強固な体制ではあったが、あちこちで敵前逃亡が始まると、他の部隊も自分たちが孤立することを恐れる。彼らは軍服を脱いで武器を捨て、我先にと逃亡のドミノが発生したのだ。

反体制派の部隊は、重装備こそ持っていなかったが、車両を連ねた機動的な戦術を駆使し、次々に町村を包囲する戦術で進撃した。アサド政権軍の部隊には逃げ遅れた部隊も多かったが、反体制派の軍事作戦局司令部は敵の投降兵の身の安全の保証を宣言し、実際に保証した。逃げ遅れたアサド政権軍部隊は次々と投降した。軍事作戦局司令部はイスラム教スンニ派が主導するイスラム系アラブ人部隊だったが、他宗派や他民族の安全も保証し、実際に末端の兵士までが守った。

この事態に驚いたバッシャール・アサド大統領は、ロシアとイランに地上部隊の援軍を要請した。しかし、ロシアは対ウクライナ戦争でそんな余裕はない。イランも配下の民兵たちがイスラエル軍に潰されてそんな力はない。戦力比でいえば、軽装備の6万人強の軍事作戦局司令部に対して、重装備の17万人の兵力を誇るアサド政権軍の優位は動かないが、戦局の流れは完全に軍事作戦局司令部の側にあり、アサド政権軍内部には諦めムードが蔓延《まんえん》。指揮官クラスが次々と逃亡し、残された兵士たちも生き延びるために私服に着替え、武器を置いて民間人に成りすまして逃亡した。

こうした事例は、実は過去に他の国の戦線でも何度かあったことだ。たとえば2014年、イラク北部の大都市モスルを1000人弱のISが襲撃。数万人の守備部隊が我先にと逃亡し、それで大量の武器を得たISのその後の台頭に繋がった。あるいは2021年のアフガニスタンでも、タリバンの進撃に恐れをなしたガーニ政権側の部族民兵が雪崩を打って寝返り、劇的なタリバン勝利に結びついた。

今回のシリアでも、アレッポを制圧した軍事作戦局司令部は、そのままハマ、ホムスと南下を続け、首都ダマスカスに迫った。

反体制派「奇跡の勝利」の理由

アサド政権軍があっけなく自壊した理由は複合的だが、ひとつには後ろ盾だったイランが見捨てたこともある。イランは2023年10月のハマスの奇襲テロ以降のイスラエルとの戦いで、アサド政権にも参加を求めたが、イスラエルと交戦したら自分の身が危ないことを知っていたアサドが拒否。イラン派の民兵が対イスラエル攻撃にシリアを使用することにも制限を加えた。イランからすれば、アサドに対する不信感が醸成されていた。

実際のところ、アサド政権軍はイランからの多大な支援によって機能してきた面が多い軍隊だ。イランが手を引けば、作戦面でも大きく戦力は後退する。それに加えて、アサド政権軍そのものの弱体化もあった。アサド政権軍は前述したように2018年頃には反体制派に対して圧倒的な軍事的優位に立っており、軍全体に危機感が欠如していた。その頃より、マーヘル・アサドが首謀して、各地の基地に合成麻薬「カプタゴン」の製造所を作り、麻薬の密造・密売に大掛かりに乗り出していた。そちらが各部隊の主要な仕事になり、訓練もおろそかになっていたとみられる。当然、指揮統制も緩んだ。

こうしてアサド政権軍は崩壊した。まさに自壊したわけだが、その主な理由をまとめると、以下のようになる。

①反体制派が約5年をかけて精強な戦闘部隊を育成してきた
②イスラエルとの戦闘でアサド政権を支えていたコッズ部隊やヒズボラなどの戦力や支援余力が劇的に低下していた
③対イスラエル戦を回避したいアサド政権がコッズ部隊の協力要請を拒否したために両者に不信感が醸成されていた
④アサド政権はロシアに地上部隊の援軍を要請したが、ウクライナ侵攻で兵力が不足しているロシアは断った（シリア駐留ロシア軍は空軍主体で地上戦力がきわめて少ない）
⑤アサド政権が盤石に思えたことで、政権軍および政権派民兵の戦力が削減されていた

⑥アサド政権軍主力が麻薬ビジネスに明け暮れ、戦闘組織としての練度と規律が著しく低下していた
⑦以上の相乗効果で逃亡のドミノ現象が起きた

これらの要因が重なって、アサド政権軍はハマ防衛戦でこそ多少の防戦を試みたが、ハマを制圧された後、ホムスはほとんど防戦することもなくあっけなく明け渡し、反体制派部隊はダマスカスまで迫った。しかも同じ頃、シリア南部から部族民兵やドルーズ派民兵などが「南部作戦室」を名乗って蜂起した。主力はダラア地区などで2018年頃にロシアやイランと交渉してアサド政権に恭順し、自然を存続させていた元反体制派の地元軍閥の部隊だった。実はHTSは約1年前から南部の軍閥諸派と接触し、極秘裏に奇襲作戦での連携の準備を進めていた。彼らはそれまでアサド政権に従っていたが、北部で軍事作戦局司令部がアレッポを制圧すると、アサド政権に反旗を翻して蜂起した。

南部作戦室の蜂起に、多くの地元の男たちが呼応した。彼らは武装していなかったが、多数のバイクを連ねてアサド政権軍の検問所を襲撃し、小火器を鹵獲。さらにそれを使ってアサド軍の駐屯地を襲撃した。アサド政権軍部隊の多くは劣勢を知っており、武器を置いて逃亡。ほとんど戦闘もなく南部作戦室は数千人の武装集団となり、首都ダマスカスに進撃した。

事態がここに至れば、アサド軍中枢でも戦意は完全に崩壊した。バッシャールの元にも軍

情報部から敗色濃厚の報告があり、彼は側近にも内緒で国外逃亡の準備を始めた。ロシア情報機関がそのお膳立《ぜんだ》てをした。バッシャールはテレビ声明の準備を側近に命じたが、そこに現れることなく、密《ひそ》かにダマスカスを脱出。ロシア軍基地経由でロシアに亡命した。バッシャールは弟マーヘルにすら伝えなかったが、マーヘルは独自に逃亡した。前述したマーヘルの副官で化学兵器使用を主導した軍幹部は射殺体で発見されたが、現場の様子から拳銃自殺を遂げたものと推察される。

12月8日、先に南部作戦室がダマスカスに到着し、市内になだれ込んだ。かつてアサド政権軍に化学兵器で攻撃された東部郊外の東グータの住民たちなど、多くのダマスカス市民も街頭に出てアサド打倒の声を上げた。

同日中に、北部から南下してきた軍事作戦局司令部の主力部隊も到着した。アサド政権軍のダマスカス防衛部隊の上級司令官とアサド政権の首相が軍事作戦局司令部と交渉し、無血開城が実現した。アサド政権軍上層部や秘密警察の構成員の多くは、書類に火を放った後にダマスカスを脱出し、沿岸部のアラウィ派エリア、あるいは陸路でレバノンに逃亡した。

こうしてわずか12日でアサド政権が崩壊した。とくに後半ではほとんど流血も起きなかった。これはまさに奇跡と言ってよかった。

シリア新政権のもうひとつの奇跡

だが、シリアで起きた奇跡はもうひとつあった。アサド政権を倒した反体制派が、きわめて抑制的な全方位融和方針を徹底したことだ。通常、中東では政変のような大きな権力の移転が起きれば、復讐《ふくしゅう》などで大騒動になる。今回は、それが起きなかったのだ。

今回の政変の主役である反体制派組織「シャーム解放機構」（HTS）は、その前身組織を「ヌスラ戦線」という。ヌスラ戦線は一時期、国際テロ組織「アルカイダ」の傘下を名乗っていたイスラム系ゲリラである。したがって、独裁者がいなくなっても、他宗派を弾圧するイスラム過激派による独裁が始まるのではないかと危惧された。

しかし、そんな懸念をよそに、HTSは蜂起の当初から人権重視と非強圧的政権移行を打ち出しており、他宗派や少数民族、さらには戦争犯罪に加担していない旧政権の職員・兵士にまでおよぶ全方位融和方針を徹底した。

前述したように、今回の作戦にはHTS（戦闘員は2～3万人）だけでなく、HTS主導で全13武装組織が連携した軍事作戦局司令部（戦闘員は6万人以上）が参加したが、同司令部は作戦初期のアレッポ制圧から一貫して「他宗派・少数民族の保護」「投降したアサド軍兵士の保護」を全兵士に命令しており、ほぼ守られた。首都ダマスカス制圧後も、兵士たちの規律を堅持して治安を維持し、旧政権の統治機構を保護して国民生活を守り、非抑圧的施策を徹底して流血や混乱の回避に成功している。これは、前述したように、権力の移行時にしばしば流血騒動になるのが恒例のアラブ社会にあって、奇跡と言っていい。

彼らが徹底して打ち出した政策は以下のようなものだ。

①宗派／民族コミュニティ保護　②旧政権行政機構を継続　③主要武装各派を国軍に併合　④旧政権軍／軍閥の武装解除　⑤旧体制犯罪者の司法対処確約　⑥復讐行為の禁止　⑦内務省総合治安局による治安維持　⑧政治的自由と法治の徹底を宣言　⑨対外協調路線　⑩数年後の新憲法制定／民主的総選挙を確約――。

HTSが主導する軍事作戦局司令部によるこうした融和路線には、むしろイスラム強硬派から批判が出ているくらいだが、軍事作戦局司令部の指導力は盤石であり、国民融和的な国家再建が進行中である。

シリア国民はIS（イスラム国）の狂信的な非人道性の記憶を持つが、HTSはイスラム過激派とはおよそ正反対と言っていい寛容さを打ち出しており、シリア国民の大多数に歓迎されている。旧アサド政権の支持者の陣営は盛んに「シリアのアルカイダ」「アルカイダを源流とする過激派組織」と宣伝し、そのまま報じるメディアも少なくなかった。しかし、HTSを過激派と見るのは間違いだ。アルカイダが源流でもないし、別にいる「シリアのアルカイダ」とは敵対関係にあった。「シリアのアルカイダ」「アルカイダを源流とする過激派組織」とする説明はいずれもフェイク情報なのだ。

実際、HTSの足跡をみると、彼らは実質的にアルカイダとさほど関係していないし、アルカイダのテロに参加したこともない。一貫して反アサド闘争を優先してきた。特に軍事作戦局司令部の司令官であり、HTSの司令官でもあるアフマド・シャラア（ゲリラ名「アブ・ムハマド・ジャウラニ」で知られるが、闘争は終了したとして本人は本名に戻している）と彼の仲間のグループは、自組織内から偏狭なイスラム強硬派を排除し、穏健派と手を組むことを長年続けてきた。その足跡を振り返ってみよう。

シャーム解放機構と司令官シャラアの過去

HTSの源流は、2003年のイラク戦争（米国主導の多国籍軍とイラク軍の戦争）に参加したシリア人義勇兵たちだ。当時、シリアでは複数のイスラム系団体が「米侵略軍と戦ってイラク人を助けよ」と志願兵を募っていて、多くのシリア人義勇兵がバスでイラクへ渡った。ほぼ全員が敬虔なイスラム教徒で、それがイスラムの同胞を助けるジハード（聖戦）と考えていた。イラク戦争開戦直前にイラク入りしたグループの中に、当時20歳のアフマド・シャラアもいた。

シャラアたちシリア人義勇兵の多くは、イラク戦争での米軍勝利後の反米軍ゲリラ闘争時代に、所属した部隊がヨルダン人の反米ゲリラ指導者であるアブ・ムサブ・ザルカウィが率いる「イラクのアルカイダ」に参加した。ザルカウィはもともとイラクで最有力の反米武装ゲリラだった「タウヒード・ジハード団」（唯一神信仰と聖戦の集団）を率いていたのだが、2

004年に「イラクのアルカイダ」と改名した。その際に多くの反米グループが合流しており、その中にシャラアたちが所属する部隊もあった。

もっとも、「イラクのアルカイダ」はパキスタン北西部にいた本家のアルカイダと、さほど関係性は強くない。ザルカウィは若き日にアフガニスタン・ゲリラに参加した経験があり、アルカイダと人脈的には繋がっているが、彼のグループはアルカイダとはまったく別で、彼自身のものだった。

だが、イラクで反米軍闘争を続けるなかで、ザルカウィとアルカイダが接近する。アルカイダ側は、アフガニスタンで敗北してパキスタンに逃れている苦しい状況で、反米軍活動で脚光を浴びているザルカウィのグループをフランチャイズすることで威厳を保とうという判断だった。ザルカウィとしても、イスラム聖戦界の輝くブランド名であるアルカイダを名乗ることで正統性が得られる。両者の思惑が一致したための「イラクのアルカイダ」の誕生だったが、実際、シャラアたちのグループのように、それでザルカウィに合流した部隊も多かった。

しかし、ウサマ・ビンラディンのアルカイダと、ザルカウィの「イラクのアルカイダ」は実質的に別組織である。アルカイダは「現代の十字軍（イスラム圏を侵食する欧米キリスト教徒主導国）およびユダヤ人との闘争」を掲げた組織で、つまりは世界のイスラム圏全体での闘争を志向するのに対し、「イラクのアルカイダ」はそうではない。アフマド・シャラアらシリア人義勇兵も、あくまでイラクでの反米軍闘争である。

実際、両組織は幹部要員や資金、武器の支援関係もない名義上の関係にすぎず、闘争の方針も作戦の手法もあくまでザルカウィが指揮する彼の組織であって、ビンラディンの指揮・指導はない。当時、このように名義だけ借りたアルカイダのフランチャイズは他にもあった。たとえばアルジェリアを拠点とする「イスラム・マグレブのアルカイダ」などがそうだ。

こうした経緯なので、シャラアらが参加した組織が「イラクのアルカイダ」を名乗ったからといって、彼らは国際テロ組織「アルカイダ」の要員だったわけではない。報道解説の中には、アルカイダと「イラクのアルカイダ」を混同したものもあるので注意されたい。

「イラクのアルカイダ」は、むしろ後のISの源流組織である。ザルカウィが2006年に米軍に殺害された後、指導部が大きく入れ替えられ、過激思想のアブ・バクル・バグダディがトップになる。バグダディは自身がイスラム共同体の最高指導者になるイスラム国家を建設し、世界に君臨するという理念を掲げて「イラクのイスラム国」（ISの前身）に改編するのだ。

シャラア自身はバグダディの「イラクのイスラム国」結成に参加していない。彼はザルカウィ殺害とほぼ同時期の2006年に米軍に逮捕され、5年間収監される。2011年に出所するが、その直後に祖国シリアでは「アラブの春」に触発された大規模な民主化要求デモと流血の大弾圧が始まった。シャラアたちはシリアに帰国し、反アサド闘争を開始する。この時、武装闘争を始めるにあたって「イラクのイスラム国」から小規模ながら支援を受けている。なので、人脈的に当時のシャラアたちは「イラクのイスラム国」の姉妹組織という関係になる。ただし、シャラアは人脈的な繋がりがあるだけで、バグダディの指揮下で「イラクのイスラム国」の戦いに参加したことはない。なお、後にシャラアは「自分は最初のイラクでの戦いのときから、民間人殺害には反対してきた」「バグダディやザルカウィのやり方には批判的だった」「イラクで収監中も宗派主義でないとして、過激派から批判された」との旨を語っている。自己申告ではあるが、当時から他宗派の民間人を殺戮することに反対の立場だったという彼の主張を否定する目撃証言は出てきていない。

仲間たちとシリアに戻ったシャラアたちは、そこで徐々に仲間を増やし、2012年1月、正式に「ヌスラ戦線」を創設した。当時、世俗派の反アサド武装ゲリラは「自由シリア軍」という名称で戦っていたが、ヌスラ戦線はイスラム系のジハード組織であり、そこはライバル関係にあった。しかし、ヌスラ戦線もあくまで闘争の最優先目的はアサド打倒だった。

それでもヌスラ戦線の中には偏狭な他宗派排斥を主張する戦闘員もいた。隣国イラクで駐留米軍と戦ってきた「イラクのイスラム国」とも繋がっていたことから、同年12月、米国はヌスラ戦線を「イラクのイスラム国」の姉妹組織としてテロ組織に指定した。

しかし、実際のところヌスラ戦線は、「イラクのイスラム国」とは完全に別組織だった。その後、ヌスラ戦線はシリア国内で反アサド抵抗組織として急成長を遂げたが、それを見て、

「イラクのイスラム国」を率いるバグダディが声をかけてきた。自分たちの傘下に入れというのだ。2013年のことだ。バグダディはシリアで5000人規模の勢力になったヌスラ戦線を配下に組み入れることで、「イラクのイスラム国」を「イラクとシャームのイスラム国」（ISIS）に拡大しようとしたのである（「シャーム」はシリア地方の昔の呼称。現在のシリアより広域）。

ところが、シャラアたちは、自分がトップになって広大なイスラム国家を作るというバグダディの野心には興味がなかった。彼らはあくまでシリアでアサド独裁を打倒することが最優先だったからだ。そこでヌスラ戦線はバグダディの提案を拒否する。バグダディはしかたなくヌスラ戦線抜きで「イラクとシャームのイスラム国」を創設し、それを後に「イスラム国」（IS）に改称した。そのISがやがて両国にまたがる大勢力に成長するのだ。

ともあれ、このようにシャラアたちとバグダディは、バグダディがシャラアたちを配下にしようとした段階から、対立していた。つまり、HTSの母体であるヌスラ戦線は、発足の翌年からは完全にイスラム過激派組織「IS」とは敵対関係にあった。

しかし、それによってシャラアたちには困ったことが起きた。バグダディはイスラム国家の最高指導者を名乗っている。自称ではあるがそれなりに勢力はあり、求心力がある。それに比べてシャラアたちには正統性がない。何もしなければ、ヌスラ戦線から抜けてバグダディ側に入ろうとする戦闘員も出てくるだろう。

そこでシャラアたちは、アルカイダに接触した。当初は仲裁の依頼だったが、当時、アルカイダの首領のアイマン・ザワヒリとバグダディは、イスラム聖戦界の主導権をめぐってライバル関係にあった。ザワヒリはバグダディを批判してヌスラ戦線の側を全面支持する。その流れで、シャラアたちはザワヒリの公認を得て「アルカイダ傘下組織である」と公式に宣言したのだ。

しかし、実態は、ヌスラ戦線がアルカイダの国際テロ・ネットワークに入ったわけではない。前述した「イラクのアルカイダ」の場合はまだ首領のザルカウィが若き日にアフガニスタンでゲリラ経験があり、アルカイダとも人脈があったが、ヌスラ戦線はアルカイダとは一切関係なかった。幹部要員や資金や武器のやり取りはまったくなく、それこそ完全に名義借りのレベルだった。

それでも当時のISは勢いがあり、ヌスラ戦線から全体の7割近い戦闘員が離脱し、ISに合流した。シャラアたちはアルカイダの名前をアピールする必要があり、当時のヌスラ戦線はアルカイダの受け売りのような過激な発言をしたこともあった。ただし、彼らは一貫してアサド打倒が最優先であり、反欧米的なテロ活動をしたことはない。

シリアを反欧米攻撃の拠点にするつもりのないシャラアたちは、アルカイダとの距離感を強く感じていたようで、2015年、脱過激派のシフト・チェンジを開始している。アルカイダ批判を始め、ヌスラ戦線の内部からアルカイダ支持者などのイスラム強硬派を除名したのだ。翌2016年にはさらに強硬派を排除して別組織を作り、アルカイダとの接触を公式に断った。シャラアたちはアサド打倒に通算で約13年間戦ってきたが、アルカイダに名義借りしていたのは、つまり初期の2年間だけである。

こうして2016年にシャラアたちはヌスラ戦線を解散して別組織に改編。さらに他の比較的穏健な勢力と連携して、翌2017年にHTSを結成した。つまり、HTSはヌスラ戦線を母体としてはいるが、同組織から過激派を排除し、穏健化した組織として誕生したのだ。

これは時期的にはまさに、2014年から2016年頃にかけてシリア北部・東部でISが隆盛し、凄《すさ》まじい人道犯罪を繰り広げた時期の直後になる。非IS系戦闘員なら、いくらイスラム系ゲリラといってもまともな人権意識があれば、あれがイスラムの教えとは思わない。後にシャラアはメディア会見などで繰り返し語っているが、彼が目指したのは宗派を問わずに虐げられる人々を救うことだったそうで、ISは真逆のことをしていた。そこでHTSは結成後すぐに、イスラム強硬派というイメージからの脱却を始めている。ヌスラ戦線はアルカイダとは違い、反米的なテロはしなかったと前述したが、ヌスラ戦線当時は内部に排他的な勢力も抱えていて、他宗派排斥を主張する過激なメンバーもいた。シャラアたちはそうした過激派を排除して、新たな道を模索したという流れである。

なお、ヌスラ戦線の解体時に除名した過激派系のグループの中には、あくまでアルカイダを支持する勢力もいて、2018年に「フラス・ディン」という組織を結成しているが、H

TSとは最初から敵対関係にある。HTSにとっては「シリアのアルカイダ」も敵なのだ。

もっとも、ヌスラ戦線はもともとイラクでの反米闘争の流れを汲んでいることもあり、アサド政権軍に対しては自爆攻撃などのテロ的な手法もしばしば行なっていた。ただ、シリア紛争の犠牲者数を調査している「シリア人権ネットワーク」によると、2011年の紛争発生時から2024年6月までの集計で、ヌスラ戦線の頃からHTSに至る全期間で、彼らの作戦で巻き添え被害に遭った民間人は549人に留まっている。これはもちろん許されない戦争犯罪だが、同時期のアサド政権による20万1290人、ロシア軍による6969人、ISによる5058人、自由シリア軍およびシリア国民軍（親トルコ系）による4234人などよりずっと少ない。HTS自身はおそらく、自分たちは民間人の犠牲を回避してきたとの考えだろう。

シリア紛争は2015年のロシア軍参戦によりアサド政権が優勢となり、2018年までにHTSもほぼイドリブ県の狭いエリアに閉じ込められたが、HTSは同地域のイスラム過激派を排除し、比較的穏健な勢力と手を組みながら、政治・軍事体制を整備した。それでも組織内に強硬派人脈は残っており、体制整備の過程で反対派を封じるなど強圧的な手法が現場で行なわれたこともあり、住民の批判デモはたびたび起こっているが、武力鎮圧は行なっていない。シャラアはその都度、強圧的な手法を改善しており、シリア北西部では約5年をかけて、穏健化のシフト・チェンジを一貫して継続してきている。2024年11月の作戦で即席イメチェンしたわけではないのだ。

新生シリアの今後はどうなる

それでも、かつてアルカイダ傘下組織を名乗ったHTSが主導権を握ったことで、「アフガニスタンのようになるのでは?」と危惧する声もあった。2021年にタリバンがアフガニスタンを制圧した際、当初は女性の権利保護などのソフト路線を語っていたのに、後に従来の抑圧路線に戻ったため、今回のHTSも「最初はソフトなことを言うが、後に抑圧的に変身するのでは?」との懸念である。

しかし、タリバンとHTSでは事情がまったく違う。タリバンで当初、ソフト路線を打ち出していたのは、もともとカタールを拠点に活動していた渉外担当の幹部たちで、彼らはタリバンの実権を掌握していない。実権はカンダハルのイスラム指導者や各地の部族軍閥にあり、彼らは従来のイスラム強硬派だ。掌《てのひら》返しではなく、内部の力関係による方針転換ということである。

その点、HTSを中心とする新生シリアの場合、穏健路線を主導するシャラアのグループの指導力が圧倒的だ。そこがタリバンとはまったく事情が違う。これだけ表に出て穏健方針を明言しているシャラアたちが掌を返してタリバン化することは、神の教えに従っていると強烈に自任しているアラブ世界のイスラム系ゲリラに共通するシンプルでストレートな特徴からして、まず考えられない。筆者は世界のイスラム系武装組織の系譜を調査して本にまとめたことがあるが、テロ目的の潜入のための外見上の偽装程度はともかく、世界を騙すために信念を偽装したイスラム系組織は過去に例がない。

だが、今後、さまざまな勢力が声を上げる中で、シャラアたちが暴発する勢力を抑えられない局面が出てくる可能性はあるので、そちらの方が懸念材料と言える。ただし現実には、長年のアサド独裁から解放された自由の喜びがシリア国民を包んでおり、HTSは解放軍として英雄扱いされている。その国民の熱意が、偏狭な教条主義的な声を完全に封じていると言っていいだろう。そして、シャラアとHTSによる新政府移行は、奇跡的にうまく進行している。今後も彼らが主導し続けるなら、民主的政権移行への軟着陸は大いに期待できる。

2024年12月19日、BBCのインタビューを受けたシャラアは、記者の「新政権のシリアでは（イスラム教徒の禁忌である）お酒は飲めるのか？」との問いにこう答えた。

「法律のことは、専門家たちが検討して決めることになります。私にはもちろん権限がありません」

パーフェクトな回答と言っていいだろう。

シャラア自身は敬虔なイスラム保守派である。彼はヌスラ戦線時代から、メディアの取材に対し、「目標はシリアにイスラム法を導入すること」と繰り返し語ってきた。その後、暫定政権の事実上のトップに立った後も、メディアの取材でイスラム法の導入を否定してはいない。
2025年3月13日には政権移行期の指針となる暫定憲法宣言が出されたが、そこには信仰の自由と全宗派の尊重が明記されたうえで、イスラム法を立法の主要な源泉とすると記された。もっともこうした記述は中東では珍しいことではなく、エジプトやヨルダン、チュニジア、イラク、モロッコなど多くの国の憲法にある。文言は緩いが旧アサド政権の憲法条文にもあった。つまり大事なのはその後の立法とその運用なのだが、暫定憲法では表現の自由は保証され、選挙による議会の設立も明記された。国民は誰でも政党を作り、自由に政治活動できる。イスラム共同体の最高指導者「カリフ」が君臨したり、イスラム社会の有力者の合議体である「シューラ評議会」が国を指導するようなイスラム国家にはならないのだ。

もっとも、重要なのは権力者があくまでどう誠実に法を運用するかである。新政権での立法を主導するメンバーをイスラム保守派だけで固めるということも、現在の権力を背景にやろうと思えばできるかもしれないが、シャラア政権はあくまでシリア国民の全コミュニティが参加する新体制を約束している。彼の内心の理想は外部からはわからないが、重要なのはシリアのほぼ全権を掌握した彼の実際の言葉と行動だ。そこは一貫して全方位融和路線を徹底しており、強圧的で独善的な権力行使は否定している。

新生シリア暫定政府では、シャラアの2012年からの相棒であるアナス・ハッタブが総合情報局長官に就任しているが、彼は2019年頃からのイドリブ県でのHTS主導の地元政府の確立過程で、イスラム過激派色を否定して穏健化を進める施策を主導してきた人物だ。また、暫定政権ではやはりシャラアの旧友のアサド・ハッサン・シャイバニ外相の存在感が目立っているが、彼もあくまで国内のすべてのコミュニティの政治参加を一貫して主張している。

課題はもちろんある。まだ旧アサド派が多数国内に潜伏している状況で、治安は完全に保てるのか。さらに、アサド政権下で人道犯罪に関与した者への司法的対処は約束しているが、それ以外にもアサド政権下で政権に積極的に協力した多くの国民の扱いという問題もある。シャラアはその点は寛容な和解の道を進めようとしているが、シリアではアサド政権に強い恨みを持つ国民は非常に多く、おそらく不満を持つ人々は多い。また、旧アサド側に加担した人間の多くがアラウィ派だったため、宗派間の融和も容易ではない。むしろ新政権を支持する陣営に排他的なスンニ派の強硬派人脈があり、彼らを抑えることも必要になる。

しかも、この宗派間の軋轢を煽動し、宗派抗争を画策する動きもある。旧アサド政権で人道犯罪を実行した残党が中心だが、その組織的背景や扇動的な情報発信をたどると、イラン工作機関・コッズ部隊の影がちらつく。イラン自体はイスラエルの攻撃で大きなダメージを負っており、シリアに大規模な介入をする余裕はないが、コッズ部隊は別の論理で動いており、彼らが秘密工作をやめることはないだろう。

新生シリアではそれ以外にも、根深いクルド人の問題、さらに経済再建という難しい問題があり、国の立て直しは容易ではないが、シャラア率いる新政権は滑り出し段階では非常に的確な措置を取り続けており、宗派の強硬派をこのまま抑えていければ、自由で民主的な新生シリアの再建という課題に、期待は大いに持てる。

その舵取りをすることになるアフマド・シャラアとその仲間たちは、たしかに武力で独裁権力を摑んだ。しかし、それを濫用してイスラム過激派のような政策を強行することはしていない。今後、仮に掌返しでイスラム過激派的な方針に転換した場合、間違いなくシリア国民から大きな批判が湧き起こるだろう。シャラアたちがそれを銃弾で弾圧する展開というのは、長年の非道な独裁から解放されたシリア国民がこれだけ自由を叫んでいる状況からは、まず考えられないと言っていいだろう。それよりも、そんな国民融和路線のシャラア政権に不満を持つ強硬派が勝手に暴発しないよう統制できるかというほうが重要だ。

２０２５年１月29日、アフマド・シャラアは暫定政権の暫定大統領に就任した。本人の演説によれば、各地の武装勢力を排して国軍に一本化し、治安を安定させる。また、国民対話を重ねて新政府の政策を検討していく。さらに経済を立て直しつつ難民・避難民の帰還を進め、やがて総選挙を実施。その後に正規の大統領を選出する計画という。

シャラアのこうした方針は、シリア国民の大多数から支持されている。

第2章

レバノン・ポケベル爆弾の衝撃とイスラエル情報機関・モサドの暗躍

2024年9月17日、レバノンで衝撃的な事件が発生した。レバノンのシーア派民兵「ヒズボラ」が使用していたポケベル数千台が爆発し、12人が死亡、2000人以上が負傷したのだ。さらに翌18日には、ヒズボラが使用していたトランシーバーなどが爆発した。この2日間のテロで、計37人が死亡し、3000人以上が負傷している。それらのポケベルやトランシーバーには、最初から高性能爆薬と起爆装置が密かに仕込まれていた。

この破壊工作を行なったのは、ヒズボラと交戦中だったイスラエルの情報機関「イスラエル諜報特務庁」(通称「モサド」)である。首相直属の情報機関で、イスラエル本国およびパレスチナの外での情報・工作活動を担当する組織だ。非公表だが、要員は7000人程度とみられている。

モサドの周到な破壊工作は10年前から計画されていた

この破壊工作は、周到な準備を経たものだった。それは2023年10月のパレスチナ組織「ハマス」による奇襲テロを受けてスタートされたものではなく、それよりずっと前に始められていた。こうした工作は、モサドの破壊工作部門「カエサリア」が発案したものだろう。2024年12月22日に米CBSテレビの看板番組「60ミニッツ」が2人の元モサド幹部の証言として報じたところによると、10年前からスタートした工作という。

同番組によると、モサドが最初に開発したのは、ポケベル爆弾でなくトランシーバー爆弾だった。ちょうど戦闘服の胸ポケットに入るサイズのトランシーバーのバッテリーの内部に発見されないように偽装した爆薬を仕込むもので、モサドがイスラエル国内で製造した。それを10年前にモサドの工作でヒズボラに販売した。販売台数は計1万6000台以上。もちろんイスラエル製とは気づかれないよう、他の外国企業製のものに偽装した。モサドはそれを10年間、起爆させずに時期を待った。

しかし、トランシーバーは戦闘時のみ戦闘服で持ち運びされるため、モサドは日常的に身に着けるものを考えた。それがポケベルだった。スマホが監視され、追跡され、盗聴されることを警戒するヒズボラは、ポケベルを使っていたのだ。

レバノンでももちろん携帯電話、さらにスマホは一般国民に広く使われているが、ヒズボラ関係者も例外ではない。しかし、とくにスマホはハッキングされた場合、実際にきわめて危険なデバイスである。通話記録、連絡先リスト、メール内容、保存されたデータがごっそりと盗まれる可能性があるし、メールやSNSを介して関係先に不正アクセスして侵入を拡大することもできる。GPS機能から位置情報が探られたり、カメラやマイクを遠隔起動させて情報収集に利用されたりすることもあり得る。

出回っている数が多いため、狙うデバイスを特定するのは容易ではないが、狙ったデバイスは不正に情報が抜かれ得るものだと考えたほうがいい。仮に情報が抜かれなくても、今では膨大な通信記録のビッグデータからAIでパターンを解析し、標的の選定などに使われることも行なわれている。イスラエル軍ではガザ空爆で標的を探す場合に、あらかじめ蓄積していたハマス関係者の住所録や人脈情報などと通信データ情報を組み合わせるなどしてリアルタイムの推定位置を割り出す「ラベンダー」というAIプログラムを使っている。なお、この標的の位置情報はあくまで推定であり、本来なら現場での確認作業が必要だが、イスラエル軍では標的を取り逃がさないために未確認のまま攻撃が行なわれており、おそらく〝外し〟も多い。つまり誤爆であり、無関係の人間が殺害されているのだ。

こうした技術はそれぞれの国の情報機関によってレベルに差があるが、イスラエルのIT技術は高い。しかも、イスラエルは米国の情報機関と協力している。米国の情報機関、とくに通信傍受・ハッキング能力では世界最高峰の米国防総省「国家安全保障局」(NSA)はもともとイスラエル軍の通信傍受・ハッキング部隊「第8200部隊」と緊密に連携し、ハマスやヒズボラの動きを追っている。それは周知の事実であり、ヒズボラも当然、警戒した。

ヒズボラはとくに2020年代に入り、そうしたイスラエルによる携帯デバイスに対するサイバー・スパイを強く警戒するようになった。そして隊員たちの連絡にポケベルを使うようになったのだ。モサドはそのことを掴み、ポケベル爆弾をヒズボラに買わせることを計画する。2022年のことだ。モサドはヒズボラが使っているポケベルが台湾の通信機器メーカー「ゴールド・アポロ」社製であることを掴み、それに似せたポケベル爆弾の開発・製造を開始したのである。

欧米主要メディアの各報道によると、同時にモサドは同2022年5月、ハンガリーの首都・ブダペストに偽装会社を登記した。「BACコンサルティング」社というその会社のウェブサイトには、ダミーのために創設は2019年と記した。同サイトには、業務内容はAIや地理空間データの分析などに関連する情報を使ったコンサルティングや通信機器の販売と記されている。

BAC社は登記後まもなく、台湾のゴールド・アポロ社と接触し、同社の製品であるポケベルのライセンス生産の権利を買う。ライセンス生産といっても、実際はブランド使用権だけで、製品の設計からBAC社が主導できる契約だった。BAC社にはモサドの要員が出入りしたが、身元を隠蔽する目的で、少なくとも2社のペーパーカンパニーが作られた。こうした入念な偽装を施したうえで、モサド工作員はポケベル爆弾をヒズボラに売り込んだ。

だが、モサドが製造したポケベルは、爆薬を仕込むために少し大きくなり、当初、ヒズボラは購入意思を示さなかった。そこでモサドは偽のネット広告を作成する。「頑丈で壊れない」「防塵・防水機能が高い」「バッテリー寿命が長い」などの宣伝文句でヒズボラ側の担当者の気を引いたという。ヒズボラ側担当者を納得させるのに2週間かかったようだが、同年夏までに少量のポケベルをヒズボラに購入させることにまず成功した。なお、こうしたネット広告を見て、他にも買いたいとの一般客の問い合わせもあったとのことだ。モサドはなんだかんだと価格を高くして応答することで、他の客には一切販売していない。

ヒズボラをさらに信用させるため、モサドはかつてヒズボラへのポケベル販売取引に関与したことがあるゴールド・アポロ社のセールスレディを、本人にはわからないようにして雇った。こうしてモサドは2024年9月までに計5000個のポケベル爆弾をヒズボラに購入させることに成功した。

同年9月17日に起爆したのは、政治的・軍事的なタイミングということではなく、ヒズボラ側の内部でこのポケベルを怪しむ徴候があったからだという。爆弾が仕込んであることがバレてしまえば、その瞬間に破棄されて計画は台無しだ。そこでモサドのダビド・バルネア長官は作戦発動を決断したのだ。

ポケベル爆弾の起爆の仕組みは、まず「あなたは暗号化メッセージを受信した」との表示を送る。その暗号化メッセージにアクセスするには、2つのボタンを押す必要がある。つまり、それは標的が自分の手に持っている状況を作り出すことを意味し、ボタンを押した瞬間に爆発する仕掛けだった。

モサドのバルネア長官の人物像

前述したように、モサドで破壊工作を担当する部局はカエサリアと呼ばれるが、おそらくこの部局がこの工作を主導した。さらにモサドの他の部局から、外国での諜報活動を担当する「ツォメット」と、現地潜入による通信傍受や監視を担当する「ケシェト」も協力している可能性が高い。また、今回の工作は高度な技術力が必要なことから、イスラエル軍情報部「アマン」隷下の前出のシギント（信号情報）部隊「第8200部隊」が協力していたものとみられる。

いずれにせよモサドの工作能力は高い。ポケベル爆弾のテロ工作は、その開始時期が2022年前半であれば、当然、当時のモサド長官が指揮した作戦と考えられる。当時の長官はテロ実行の2024年9月時も長官職にあった前出のダビド・バルネアだ。彼の長官就任は2021年6月である。イスラエルでは首相直属のモサド長官の地位は高い。国防軍の特殊部隊やモサド要員からのタタキ上げの人物が就任することが多く、バルネア長官も実質的にモサドのプロパーだ。

バルネア長官は1965年生まれで、2025年現在は60歳。青年期の兵役で、国防軍特殊部隊「サイェレット・マトカル」で活動。その後、米国の大学に留学してMBA（経営学修士）を取得。帰国して投資銀行で働いた後、1996年に30歳でモサドに入局した。モサドでは海外諜報部門「ツォメット」で活動。さまざまな諜報活動を行なった。その後、約2年半の海外潜入監視部門「ケシェト」副部長を経て、2013年にツォメット部長に就任。モサドの海外諜報作戦を指揮した。2019年に副長官、そして2021年に長官に就任。このように彼はモサド生え抜きの長官である。

モサドでのキャリアの中で、バルネアが具体的にどのような作戦に参加したのか詳細は不明だ。モサドのダーティな工作として有名なものに、たとえば2010年のUAEでの暗殺がある。旅行者に成りすましたモサドのチームが、ハマス軍事部門の上級司令官を滞在先のドバイのホテル客室内で殺害したのだ。

この作戦の準備期間中、バルネアはツォメットの上級幹部だった。実行班は破壊工作部局であるカエサリア内の暗殺専門班「キドン」であり、バルネアの担当ではなかったが、標的であるハマス幹部の活動を調べるのはバルネアが所属する諜報部門のツォメットだ。バルネアが直接指揮したか否かは不明だが、関与していた可能性はある。

さらにモサドは2020年に、イランの革命防衛隊の核兵器開発のキーマンである科学者を、イラン国内において、AIを使った車両ロボット銃を遠隔操作して暗殺したこともある。当時のバルネアは作戦担当の副長官であり、直接監督する立場にいた。2024年7月にモサドは、イラン訪問中だったハマスのトップであるイスマイル・ハニヤ政治局長を、宿泊先であるテヘラン郊外の革命防衛隊施設内で、部屋に仕込んでいた爆弾で暗殺した。これはモサドが現地関係者を抱き込み、かねて爆弾を仕掛けていた工作だった。こうした作戦を承認し、準備を進めるように指示していたのは、長官であるバルネアである。

モサドには他にも歴戦のスパイ経験者が多くおり、バルネアだけが特殊なわけではないが、現在の国際政治の舞台裏では、バルネア長官はキャリア的にも突出した歴戦のスパイ・マスターといっていいだろう。海外での諜報部門であるツォメットのキャリアが長いので、おそらく米ＣＩＡはじめ各国の同業者に個人的な知人も多いはずだ。なお、イスラエルにおいてモサド長官の地位は高いと前述したが、２０２３年10月のガザ紛争発生後、バルネアは政府の裏の代理人として対外的な停戦・人質解放交渉を担当しており、米国のＣＩＡ長官や関係各国の情報機関長らとの接触を続けている。

工作機関の暗躍がイスラエルの戦争犯罪を支えている

ところで、イスラエルで国防軍以外にハマスやヒズボラと水面下の戦いをしている組織はモサドだけではない。イスラエルによる裏工作というと、すぐにモサドが注目されるが、モサドは基本的にイスラエルおよびパレスチナの外で、スパイ活動や破壊工作を担当する組織だ。ガザのハマスへの監視・追跡などは、モサドではなく、やはり首相直属の組織である「イスラエル保安庁」が担当する。「シンベト」あるいは「シャバク」と呼ばれる。2023年10月のハマスの奇襲を察知できなかったとして軍情報機関や政府情報機関の失態が注目されたが、それはモサドではなく、シンベトの管轄になる。ガザ攻撃と同時にイスラエルは人質情報の追跡も行なっているが、それはシンベトが中心になり、軍と連携して行なわれている。ハマス軍事部門幹部などの追跡はシンベトと軍情報機関の共同作戦である。

軍の情報セクションは「軍事情報部」（アマン）という。アマンの指揮下には「情報部隊」（ハマン）、通信傍受・ハッキング部隊「第8200部隊」、偵察衛星・偵察機・ドローンなどによる画像情報担当の「第9200部隊」、情報セクションと連携して対テロ・ゲリラ戦を行なう最精鋭の特殊部隊「参謀本部偵察部隊」（サイエレット・マトカル）がある。

さらに軍には敵陣に乗り込む偵察部隊として、特殊部隊がいくつかある。なかでも強力なのは、国防軍中央司令部第98空挺師団の指揮下で運用される「第89コマンド旅団」（オズ旅団）で、同旅団の隷下には対テロ専門部隊「第217部隊」（デュブデバン）、空挺潜入偵察部隊「第212部隊」（マグラン）、長距離潜入偵察部隊「第621部隊」（エゴズ）がある。

また、それ以外にも国防軍には、たとえばガザ攻撃などで戦闘しながらトンネル探索・破壊などを行なう戦闘工兵軍隷下の「特殊戦闘工兵隊」（ヤハロム）、海軍の特殊部隊「サイエレット13」、空軍の特殊部隊「第5101部隊」（シャルダグ）もある。

ガザ攻撃やレバノン攻撃には参加しないが、ヨルダン川西岸地区でパレスチナ側武装グループを追う組織も紹介しておく。こうした任務の中心的存在は前述した公安機関・シンベトだが、シンベトには特殊部隊がないので、しばしば国境警察（マガブ）隷下の「対テロ特殊部隊」（ヤマス）と連携している。マガブは国家警察の治安部隊で、国家安全保障省の管轄になる。また、マガブの下には他にもヨルダン川西岸での人質救出作戦に特化した特殊部隊「特別警察部隊」（ヤマム）もある。さらに一般警察の対テロ特殊部隊「第33部隊」（ギデオニム）もある。

このように、イスラエルには直接的な軍事活動を行なう部隊以外に、敵の情報を探る活動を日常的に行なっている組織が多数ある。基本的にイランやシリアやカタールといった外国でスパイ活動を行なうのはモサドだが、レバノンのヒズボラ支配地域だとモサドに加えてサイエレット・マトカル、デュブデバン、マグラン、エゴズあたりも密かに活動しているはずである。これらの部隊では、アラビア語を習得してアラブ人に成りすます潜入訓練を積んだ要員も多い。

また、ガザやヨルダン川西岸地区でも同様に、現地住民に成りすます潜入工作（ミスタービム工作という）が、シンベト、ヤマス、サイェレット・マトカル、デュブデバン、マグラン、エゴズによっても行なわれている。東エルサレムでのミスタービム工作にはギデオニムも参加しているようだ。

いずれにせよイスラエルは、こうした情報機関・部隊が標的を追跡し、２０２３年10月からのガザ攻撃、さらにその後のヒズボラ攻撃を実行してきた。パレスチナ人やレバノン人の命を軽視するイスラエル側の攻撃は、一般住民ごと大量殺戮する非道な戦争犯罪だが、その活動を下支えしてきたのは、長年にわたって構築してきたモサド以下の情報機関・部隊だったのである。

第3章

イラン破壊工作機関・コッズ部隊&ヒズボラVSイスラエルの攻防

中東の流血は、2023年10月のパレスチナ人組織「ハマス」によるイスラエルへの奇襲テロによって、爆発的に拡大した。イスラエル軍はハマス戦闘員が潜むガザ地区を徹底的に破壊。民間人の住民に凄まじい犠牲を生み、虐殺は人道危機レベルになったのだ。

他方、ハマスの側に立ち、イスラエルに報復すると主張して、いくつかの外国の武装組織がイスラエルへの攻撃を始めた。レバノンの民兵組織「ヒズボラ」、シリアなどに拠点を持つイラクのシーア派民兵各派、さらにイエメンの武装組織「フーシ派」である。彼らは連携して「抵抗の枢軸」と自称したが、いずれもイランの工作機関「コッズ部隊」の〝手下〟のような勢力だった。つまり、イランの意思で、これらの部隊はイスラエルを攻撃したのだ。

「抵抗の枢軸」のうち、イスラエルへの攻撃のレベルが圧倒的に大きかったのが、ヒズボラだった。ヒズボラは勢力圏であるレバノン南部からイスラエル北部への砲撃を続けたが、イスラエル軍が反撃し、やがてヒズボラの戦闘力は半ば壊滅してしまう。

それと同時にイスラエル軍は、ヒズボラの背後で暗躍するコッズ部隊のヒズボラ支援ルートも攻撃し、大打撃を与えた。その過程で、イランのイスラム政権が創設されて初めて、イスラエルとイランが互いに相手国を直接攻撃し合うという事態にも至った。つまり、2023年から2024年にかけて、イランとヒズボラの連合軍とイスラエルの攻防は、過去に例のないレベルにまでエスカレートした。その経緯を振り返ってみたい。

イラン配下のレバノン民兵「ヒズボラ」とイスラエルの抗争史

じつはイスラエルとヒズボラの散発的攻防戦は、これまでもしばしば発生していた。かつて2006年にイスラエル軍のレバノン侵攻という大規模な戦闘があり、国連安全保障理事会の停戦協定でイスラエル軍はレバノンから撤退していたが、ヒズボラはレバノン南部から撤退するという約束を守らず、戦力をレバノン南部に構築していた。そして、ヒズボラ側からイスラエルへの攻撃に端を発する小規模の戦闘は、その後もしばしば発生していた。イスラエルとヒズボラの戦線に関しては、常に戦いを仕掛けるのはヒズボラ側で、イスラエルは防戦である。イスラエル側とすれば、レバノンに領土的野心があるわけではなく、戦闘が起きなければそれでよかった。

もっとも、もともと民兵にすぎないヒズボラとイスラエル軍では戦力に差があり、戦闘となればイスラエル軍のワンサイドゲームになるのは必然だった。したがって、ヒズボラ側からの対イスラエル攻撃は通常、全面戦争にならない程度の抑制されたものだった。2023年10月に始まった両者の戦闘も、当初は規模がそれほど大きくはなかった。

他方、そうした散発的な攻防に加え、イスラエルはヒズボラの支援ルートを叩く攻撃を以前から行なっていた。ヒズボラ支援ルートとは、イランからイラク、シリアを経由してレバノンに至る軍事物資補給ルートで、仕切っている黒幕はコッズ部隊である。コッズ部隊は2011年から始まったシリア紛争でアサド独裁政権を支援したことから、シリアでフリーハンドの活動が可能になっており、同国を兵站《へいたん》拠点としてヒズボラの戦力強化を進めてきていたのだ。

そのためイスラエル軍はかねてより、シリア国内のイラン＝ヒズボラの兵站拠点を数百回も空爆してきた。モサドと第8200部隊（通信傍受部隊）、第9200部隊（画像分析部隊）

が標的情報を追跡し、空軍が攻撃するという連携作戦が主だったとみられる。シリア国内でのイスラエル軍の標的のほとんどはヒズボラ拠点か、ヒズボラへの軍事支援ルートである。

近年でいえば、たとえば2022年には3月にアレッポ国際空港、4～5月にダマスカス近郊など数か所、6月にダマスカス国際空港、8月に西部マシャフの巨大なミサイル武器庫（イランのミサイル開発拠点もある）およびアレッポ国際空港などを攻撃してきた。シリアのアサド政権軍の将兵に死傷者も出ており、アサド政権は当然、イスラエルを非難した。

シリア軍は防空システムで対抗し、ときに迎撃に成功もしているが、被害も多い。ただ、アサド政権はあくまでイスラエルへの非難に留め、イスラエルに軍事的な報復をしたことはない。コッズ部隊としてはアサド政権にもっと積極的な役割を期待したいところだったが、アサド政権側がそれは拒否した。イスラエルとの戦争になれば軍事的に勝利の可能性はなく、アサド政権の独裁権力が揺らぐため、対イスラエル戦は回避するしかなかったのだ。

アサド政権とすれば、コッズ部隊の活動がイスラエルの攻撃を引き起こしているため、コッズ部隊の存在は迷惑ということになるが、自分たちの延命で世話になっている以上、彼らの活動を止めることはできない。だが、かといって自ら積極的に支援する必要もない。後から振り返れば、アサド政権がコッズ部隊の工作に冷淡な態度をとったことが、後のアサド政権崩壊の原因になるわけだが、アサド政権はそのことに気づいていなかった。

ハマスのイスラエル奇襲により、戦いは新たな段階へ

2023年10月にハマスの対イスラエル奇襲攻撃が起き、イスラエルとヒズボラ含むコッズ部隊の指揮下にある前述「抵抗の枢軸」との戦いは新たな段階に拡大した。ヒズボラはその翌日にはレバノン南部からイスラエル北部への攻撃（第一撃はレバノン領のイスラエル占領地）を開始した。イスラエル軍がそれに応戦するかたちで戦闘は始まった。

ヒズボラは独自判断での軍事行動としているが、イランの指示であることは明らかだろう。ヒズボラの軍事行動はすべて後ろ盾であるイランのコッズ部隊の指導を受ける。対イスラエル攻撃をどうするかは、コッズ部隊が指示するのだ。

ハマス奇襲テロの後、ハマス軍事部門の「カッサム旅団」や「パレスチナ・イスラム聖戦」（PIJ）の戦闘員がレバノン南部からイスラエルを攻撃したこともあったが、それも彼らがコッズ部隊＝ヒズボラと連携していたからだ。基本的に攻撃の烈度もヒズボラ軍事部門、コッズ部隊、それにパレスチナ各派などが、コッズ部隊を中心とする謀議で決める。その最上位はコッズ部隊であり、つまりはコッズ部隊が黒幕なのだ。なお、コッズ部隊とヒズボラの合同作戦本部は、南ベイルートのヒズボラ本拠地にあり、カッサム旅団やPIJの作戦上層部もそこに参加するかたちになっていた。

コッズ部隊はさらに事実上の〝手下〟である親イラン系イラク民兵各派に「イラク・イスラム抵抗」と名乗らせて、イラク駐留米軍やイスラエルへの攻撃をさせたり、かねて軍事顧

問を送り込んで支援してきたイエメンのフーシ派にドローンやミサイルを供与して、対イスラエル攻撃をさせたりもした。

こうしたコッズ部隊の手下たちとイスラエルの戦闘に関しては、常に先に仕掛けるのはコッズ部隊の側だ。イスラエルは都度、倍返しの報復攻撃をする。対パレスチナに関しては、イスラエルの占領・弾圧がまずあるが、コッズ部隊の手下の「抵抗の枢軸」の場合はそうではない。コッズ部隊の手下の側から攻撃しなければ、イスラエル側から攻撃する必要はない。しかし、コッズ部隊の手下たちはイスラエル軍のガザ攻撃を非難し、ガザからイスラエル軍が撤退しないかぎりは攻撃を続けるとした。イスラエル側には、かねて「やられたら必ず報復」というシンプルな基本戦略がある。

もっとも、イラク・イスラム抵抗は戦力的に小さく、フーシ派はイスラエルから遠い。コッズ部隊の手下の中で、やはりヒズボラによる攻撃がもっとも規模が大きくなったのは必然だった。それに対し、イスラエル側は「やられたら必ず報復」戦略に基づき、ヒズボラの攻撃に対してはその数倍もの報復を行なった。攻防のダメージは圧倒的にヒズボラ側が大きくなった。ヒズボラは戦力ではイスラエル軍に遠く及ばず、実際にはレバノン南部からドローンやロケット弾、ミサイルでイスラエル北部をメインに攻撃するしか手段がなかった。多くはイスラエルの迎撃システム「アイアンドーム」などで迎撃された。

しかも、ヒズボラの攻撃は、当初はそれほど激しくもなかった。ヒズボラの戦力からすればもっと激しい攻撃が可能だったが、イスラエルの全面的軍事侵攻のような大規模な報復は回避したいとの判断だろう。もし大規模報復を招くと、ヒズボラ本体へのダメージが大きすぎるからである。したがって、ヒズボラとイスラエル軍との戦闘は制限的な攻防に留まった。

ただし、攻撃規模を制限するかわりに、イスラエル軍はヒズボラ軍事部門の幹部の暗殺作戦を進めた。イスラエル軍が「ハイ・バリュー・ターゲット（HVT）」（重要標的）として殺害したのは、まずはレバノン南部を拠点にイスラエルへの越境攻撃を担当するヒズボラ精鋭部隊「ラドワン部隊」のウィサム・タウィル上級司令官だった。2024年1月8日、レバノン南部のマジュデル・セルム村で、移動中の車両へのピンポイント攻撃で殺害したのだ。

その翌日には、このタウィルの葬儀に向かっていたアリ・フセイン・バルジを殺害した。彼はヒズボラの自爆ドローン開発の責任者だった。さらに4月8日にはレバノン南部のスルタニエで、やはりラドワン部隊の対イスラエル攻撃作戦の上級指揮官だったアリ・ハッシンを殺害した。

イスラエル軍はさらに、シリアで活動するイラン軍人を狙うようになった。彼らがヒズボラやイラク民兵、カッサム旅団やＰＩＪの在レバノン部隊などを使って対イスラエル攻撃を指揮しているとみているからだ。たとえば2023年12月2日、イスラエル軍はシリアへの攻撃で、コッズ部隊の隊員2人を殺害している。同月25日には再びシリア国内への攻撃でコッズ部隊の高級指揮官1人を殺害した。ラジー・ムサヴィ准将で、標的としてはそれまでで最高位の幹部だった。

イランはイスラエルと直接戦争にならないように、外国の手下たちを使ってイスラエルを攻撃させているが、自分たちは直接、イスラエルを攻撃することを避けてきた。そのため、イスラエルもイラン本国を軍事作戦で攻撃することはしなかった。モサドによる破壊工作などは行なってきたが、それはあくまで自分たちの工作とは認めない範囲でのことだ。しかし、「やられたら必ず報復」戦略のイスラエルは、やられて黙っているはずもない。そこでシリアで活動するコッズ部隊の将官を狙い撃ちしたわけだ。

対するイランの報復は2024年1月14日に行なわれた。革命防衛隊はイラク北部・アルビルの民家など数か所を弾道ミサイルで攻撃したのだ。革命防衛隊側の発表によると、イスラエル情報機関「モサド」の秘密活動拠点ということだが、それが事実か否かはわからない。クルド自治区の発表では民間人4人が殺害されたというが、それ以上のことは不明である。

もっとも、イスラエルとイランの攻防はそれで終わらなかった。同年1月20日、イスラエル軍はダマスカスの高級住宅地メッゼ地区を空爆し、コッズ部隊の最高幹部含む将兵5人を殺害した。革命防衛隊の発表では軍事顧問とのことだが、コッズ部隊の工作員である。イラン准国営「メフル通信」は、この攻撃で革命防衛隊のシリア駐在情報部門トップ、すなわちコッズ部隊駐シリア司令官であるサデグ・オミドザデ准将と副官、さらに警備担当が殺害されたと報じている。

イスラエルとイランの直接対決へ

イラン側は報復を示唆したが、直接の報復は行なわれず、代わりにコッズ部隊の指揮下にあるヒズボラやフーシ派、イラク民兵の軍事行動が続けられた。そんななか、4月1日、イスラエル軍が在シリア・イラン大使館に付随するイラン外交施設（領事部）を空対地ミサイルで攻撃した。大使館隣接施設というピンポイントの場所に、コッズ部隊の大物工作員が集まっているとの所在情報を摑んだことで〝排除〟に踏み切ったのである。

イラン工作機関とイスラエルが事実上の戦闘状態になっていたとはいえ、イランとイスラエルは公式に交戦しているわけではない。そのイランの外交施設を、しかもシリアという第3国にある施設を攻撃するというのは、過去に類を見ないエスカレーションだった。イランは「治外法権にある自国の在外公館が攻撃されたことは自国領土への攻撃とみなす」と発表し、報復を宣言した。

もっとも、このイランの理屈は国際法的には正しくない。大使館の治外法権が認められるのはホスト国、この場合はシリア政府が対象であって、イスラエルには関係ない。イスラエルへの軍事攻撃の拠点であれば、イスラエルにとっては、自衛目的の攻撃対象となり得る。むしろ国土を攻撃されたシリアからすれば、イスラエル軍の行為は不法な攻撃となり、自衛のためにイスラエルを攻撃することができるが、前述したようにアサド政権はイスラエルとの戦争を回避しており、すでに何度も攻撃を受けながら反撃はしていない。つまりイランは国際法を勘違いした節があるが、それはともかく、在外公館を攻撃されたイランとして面目が立たないことは事実であり、報復を宣言するに至ったわけだ。

なお、この時の一部のメディア解説では、戦線の拡大により政治的延命を図ろうとするネタニヤフ首相の陰謀だというような解説も目にしたが、その仮説には根拠情報も論理性も特にない。ファクトとしては、イスラエル軍のコッズ部隊攻撃の流れに合致しているということだけだ。

実際、この攻撃では、コッズ部隊の会合がピンポイントの場所とタイミングで攻撃されている。死者16人の内訳は、革命防衛隊（おそらく全員がコッズ部隊）が7人、コッズ部隊指揮下の民兵が5人、ヒズボラが1人、イラン人顧問が1人（所属など詳細不明）、民間人が2人である。コッズ部隊の拠点もしくは会合が、ピンポイントで狙われたことになる。とくに革命防衛隊員7人の中には、コッズ部隊の対レバノン・シリア工作部門のトップであるムハマド・レザ・ザヘディ准将と、その副官のムハマド・ハジ・ラヒミ准将が含まれている。この2人はイスラエル軍からすれば、まさに最重要の暗殺対象である。

おそらく何らかのインテリジェンス活動、ハッキングを含むシギントだと思われるが、そうしたインテリジェンス活動でコッズ部隊の会合の情報を得たイスラエル軍が、これまでの対シリア領内攻撃作戦と同じ判断で、在外公館攻撃の選択をしたということだろう。米『ニューヨーク・タイムズ』は2024年4月2日、革命防衛隊筋の情報として、「標的はコッズ部隊とPIJ指導部の会合だった」と報じており、仮に事実であれば、死者のうちの「コッズ部隊指揮下の民兵5人」はPIJ幹部だった可能性が高い。いずれにせよ最重要の標的情報を得たイスラエル軍が、従来の作戦の延長ということでイラン在外公館を攻撃したという流れになる。

これに対し、イランは前述したようにイスラエルへの相応の報復を明言し、緊張はいっきに高まった。そして4月14日、イランの主導的な軍隊であるイスラム革命防衛隊が多数のミサイルとドローンを発射し、イスラエル本土を攻撃した。イランは前述したように、これまで手下のヒズボラやPIJなどの代理勢力を使ってのイスラエル攻撃はずっと継続して行なってきたが、国家同士の戦争を回避するため、自国の軍が直接イスラエルを攻撃することは避けてきた。今回の攻撃は、イラン本国の正規軍（革命防衛隊）によるイスラエルへの直接の攻撃としては、初のケースとなった。イラン本国が攻撃されていないにもかかわらずの攻撃であり、イランは自国のメンツを優先し、明らかにエスカレーションのレベルを上げたといえる。

イランの攻撃はかなり規模の大きなものだった。約170機のドローン、約30発の巡航ミサイル、約120発の弾道ミサイルが発射された。

しかし、イランはイスラエルとの本気の戦争は望んでおらず、エスカレーションの回避は画策した。事前にイラク政府などに通知したため、米国はそれを事前に摑んでいたのだ。米国は周辺空域での航空機の飛行自粛を要請。民間機も軍用機もイラン＝イスラエル間では皆無という状況を作り、飛来するミサイルやドローンが容易に探知できる環境を作った。

イスラエル空軍の戦闘機が発進し、飛来物を待ち構えた。米軍は東地中海にイージス艦を展開した。英仏軍およびヨルダン軍の各空軍も迎撃に参加した。このため、イランが発射したドローンと速度の遅い巡航ミサイルはすべて、イスラエルに到達する前に撃墜された。弾道ミサイルも米軍艦艇とイスラエル本土のミサイル防衛システムでほとんどが迎撃されたが、9発の弾道ミサイルがイスラエルの2つの空軍基地に着弾した。ただし、被害は軽微で犠牲者は出なかった。

前述したようにエスカレーションを望まないイランは、テルアビブ市内などの人口密集地は避けていた。標的は空軍基地やゴラン高原の情報部門施設などで、あくまで軍事拠点への攻撃に留めていた。結局、被害は少女1人が迎撃されたミサイルの破片で負傷したのみだった。イランとしては、報復を宣言した手前、派手な攻撃をする必要があったが、イスラエルの大規模な報復を回避するため、被害がなるべく出ないようにしたかったということだろう。攻撃後、イラン国連特使は「報復攻撃は終了した。イスラエルがさらに過ちを犯すならイランは断固たる行動で対応する」との声明を発表した。これで終わりにしたいとの意思表明である。

しかし、イスラエルは当然、報復に出た。イスラエルは建国以来、攻撃されたら必ず報復するのが通例だ。だが、4日後の4月18日に行なわれた報復は、きわめて小規模なものだった。後に米国のバイデン大統領がネタニヤフ首相に大規模報復の自粛を要請していたことが明らかになっているが、ネタニヤフもべつにバイデンの意向に従ったわけではないだろう。ガザでの状況が長期化しているなかで、そちらを優先し、新たなイランとの戦争は回避したということであろう。

米メディア各社の報道によると、イスラエル空軍機がイラン領空外から少なくとも3発の巡航ミサイルを発射したようだ。いずれもイスファハン近郊のイラン空軍の防空基地に着弾した。地対空ミサイルなどに軽微な被害が出た。

この防空基地は、その東方のナタンツ核施設などを防衛する位置にあったが、イスラエル軍は核施設は攻撃していない。あくまで核施設を守る防空拠点に、警告的な制限された規模の攻撃を加えたということになる。イスラエルとすれば、自国がイランにミサイル攻撃されたことへの報復はしなければならないが、警告レベルの攻撃に留めたということだ。

この被害をイランは隠蔽した。イラン当局は防空基地に被弾したことは伏せ、イスラエル軍のドローンが飛来したが撃墜したとのみ発表した。再報復はせず、これで終わりにするということである。イラン側からの報復がない以上、イスラエル側もこれで終わりになった。

イスラエルの強烈な攻勢でヒズボラは壊滅状態に

それでも、イスラエルと、イラン代理勢力であるヒズボラとの攻防はまだ続いた。国境を挟んで戦闘は続き、イスラエル軍によるレバノン内でのヒズボラ幹部暗殺も続いた。2024年6月11日には、レバノン南部の港町ティール郊外のヒズボラ指揮統制セスルタニエ地域インターを攻撃し、ヒズボラ南部戦区上級司令官のタレブ・アブダラを殺害。続いて7月3日には、やはりティール郊外でレバノン南部戦区アジス地域軍司令官のムハンマド・ニマ・ナセルを、さらに7月11日には4月に殺害した対イスラエル戦精鋭部隊「ラドワン部隊」のアリ・ハッシン上級指揮官の後任のアリ・ジャアファル・マートゥークを殺害した。イスラエルの情報機関は、ヒズボラ側の情報をかなり正確に摑んでいたということだ。

こうした攻防の間にも、イスラエルのガザ攻撃は続き、中東イスラム圏ではイスラエル非難の世論が圧倒的になっていった。イランには追い風だ。他のアラブ諸国が何もできていないなかで、イランと「抵抗の枢軸」だけがイスラエルに抵抗していた。

これはイランにとっては、自分たちの正当性をイスラム世界でアピールするチャンスだった。コッズ部隊はヒズボラの対イスラエル攻撃を指示しただろうし、ヒズボラ自身、前述したように軍事部門幹部が狙い撃ちされているなかで、報復の気運が強まっていた。こうしてイスラエル軍とヒズボラの戦闘は、徐々に拡大していった。ヒズボラの攻撃の主力は、射程の短いロケット砲によるイスラエル北部への砲撃だった。

ちなみに、イスラエルには「アイアンドーム」などの強力な防空システムがあるが、主力は都市部の防衛に回されており、人口の希薄なエリアまではカバーできない。ヒズボラは射程の長いミサイルも持っているが、数は少ない。しかし、射程数十kmのロケット砲を多数保有しており、飽和攻撃によってイスラエル北部の村落部は攻撃できる。対ヒズボラ戦も対ハマス戦も、戦力で圧倒的に勝るイスラエル軍にとっては、敗北は考えられない。どちらもほぼ一方的なワンサイドゲームになるが、唯一の弱点が、ヒズボラのロケット砲・ミサイル・ドローン越境攻撃から北部を完全には守れないことなのだ。実際、イスラエルは北部の住民を避難させており、その数は6万人に及んだ。

イスラエルではガザ攻撃が長期化するなかで、「戦力が大幅に激減したハマスより、イランが支援するヒズボラに対処すべき」といった声が徐々に強まってきた。ネタニヤフ政権はガザ攻撃を緩めることはないが、同時に対ヒズボラでの北部の戦力の増強も進める。そうした中、ヒズボラの攻撃でイスラエル北部に大きな被害が出る事態が発生した。

発端は2024年7月27日、イスラエル軍のドローンがレバノン南部クファルキラで、追跡していた4人の敵戦闘員を殺害したことだ。彼らはいくつかの親イラン派武装組織戦闘員の混成部隊だったが、うち少なくとも1人はヒズボラ戦闘員と確認されている。

ヒズボラはそれに対する報復攻撃として、30発以上のロケット弾を発射した。そのうちの1発が、イスラエルが占領しているゴラン高原の北部に位置するドルーズ派の村であるマジダル・シャムスのサッカー場に着弾。子供・若者12人が殺害されたのだ。この事件はイスラエル国内で大きく注目され、ネタニヤフ政権に対ヒズボラ戦の強化を要求する政治圧力が生じた。

サッカー場攻撃を受けて、イスラエル軍はさっそく翌7月28日より、報復としてレバノン各地にあるヒズボラ拠点を爆撃した。ヒズボラ側も同じくロケット弾攻撃を継続しており、両陣営の攻防は続いた。2023年10月以降、この2024年7月時点で、レバノン南部ではすでに約350人のヒズボラ（連携する姉妹組織含む）戦闘員が殺害されていた。なお、これらの攻撃では100人以上のレバノンの民間人が巻き添えで殺害されている。

緊張がまた走ったのは、7月30日から翌31日にかけてだった。まず30日、イスラエル軍はベイルート南郊のヒズボラ本拠地を空爆し、ヒズボラ軍事部門の事実上のトップであるフアド・シュクル司令官を殺害。さらに翌31日、イラン訪問中のハマスのトップであるイスマイル・ハニヤ政治局長を、滞在先のテヘラン北部の革命防衛隊施設内で就寝中に爆殺したのである。ハニヤ暗殺工作は、イスラエルの工作機関「モサド」が革命防衛隊内部に浸透し、かねて部屋に仕込んでいた爆弾を、ハニヤ滞在時に起爆したものだった。

この7月30日と31日のイスラエルの攻撃は、それまでの抗争のレベルから段階をエスカレートする大事件だった。ヒズボラは内部構造として正規の軍事司令官という役職を置かないが、ヒズボラ軍事部門創設時よりその中枢で指揮をとってきたフアド・シュクル司令官は、それまで生き残った最古参の指揮官であり、事実上の最高司令官だ。ヒズボラとしては過去最大級のダメージであり、報復をしないわけにはいかない。

また、テヘランで暗殺されたイスマイル・ハニヤはハマスのトップである政治局長で、イランは客人を暗殺されたことで、面目が丸つぶれになった。このテロに対し、イランのハメネイ最高指導者が自らの言葉で、イスラエルへの復讐を誓った。イランではハメネイの言葉は絶対だ。革命防衛隊は直接、イスラエル本土を攻撃すると盛んに示唆した。ヒズボラも対イスラエル報復を宣言した。

こうしてイスラエルと、イランおよびヒズボラの緊張はさらに高まった。イスラエル国内でも、ヒズボラに対処すべきという意見が増えてきた。そして、ネタニヤフ政権はヒズボラのロケット砲戦力を撃破し、避難中の6万人のイスラエル国民を帰還させる作戦の実行を決断する。

イスラエル軍が本格的な対ヒズボラ作戦を開始したのは、9月8日だった。振り返ると、イスラエルのネタニヤフ政権はこの時期に、それまでのガザ攻撃優先から、次の段階としての〝ヒズボラ壊滅〟に大きく政策を転換したとみられる。

この日、まずはイスラエル空軍がシリア国内のヒズボラ施設を空爆する。攻撃されたのは、レバノン国境近くのマスヤフ近郊に設置された複数の軍事施設である。これらはイランのコッズ部隊が建設したもので、ヒズボラ拠点のほか、コッズ部隊が手下として使うパレスチナ組織やイラク人民兵などの拠点もあった。

　中でも最重要な施設は、ヒズボラの武器製造所だった。コッズ部隊が建設したもので、イランから持ち込んだ部品などからヒズボラ用のミサイルを製造する拠点だった。主要な設備は地下深くに建設されていた。イスラエル軍はまずは付近の多数の軍事拠点を空爆したが、その後、数十人の特殊部隊をヘリボーンし、武器製造所の地下に突入して爆破した。イスラエルはシリア国内を空爆することはしばしば行なっているが、特殊部隊の地上投入は異例である。なお、特殊部隊の作戦中、駆けつけたシリア軍に対してはドローンで攻撃して足留めに成功したようだ。

　その後、9月14日にイスラエル軍は、ヒズボラの勢力圏のベッカー高原を含め、レバノン各地のヒズボラの武器庫を空爆する。イスラエルの目標はヒズボラのロケット砲・ミサイル部隊の撃破だが、その前に後方拠点を破壊するという判断である。

　こうした一連のイスラエル軍の対ヒズボラ作戦の中で、第2章で紹介した9月17日のポケベル一斉爆発、翌18日のトランシーバー一斉爆発（他に太陽光発電機やオートバイなどにも爆発したものがあった）は発生した。こうしたテロ工作にヒズボラ側は激怒。イスラエルへの報復を宣言した。

　9月19日、イスラエル国防軍は、レバノン南部でヒズボラに対する空爆を開始する。2023年10月以降で最も激しい空爆だった。9月20日、イスラエルはヒズボラの本部があるべイルート南郊のダヒエ地区に激しい空爆を行なった。この攻撃で、前述した7月のヒズボラ軍事部門の実質的トップだったフアド・シュクル殺害の後に実質的な後継トップになっていたイブラヒム・アキル、およびヒズボラ上級司令官アフマド・マフムード・ワハブらヒズボラ軍事部門幹部たちが会議中に殺害された。これを受けて、ヒズボラはイスラエル北部に多数のロケット弾を発射した。

9月21日、イスラエル軍は、ヒズボラの軍事指揮系統を「ほぼ壊滅させた」と発表したが、ヒズボラはイスラエルのラマト・デイビッド空軍基地へのミサイル攻撃で応えた。

9月23日、イスラエル軍はレバノン南部に点在するヒズボラのロケット砲・ミサイルの偽装保管所への攻撃を予告。周辺住民に退避を呼びかけた後、実際に過去最大規模の空爆を開始した。この日だけで1600回以上の空爆を行ない、550人以上を殺害した。ヒズボラのダメージも大きいが、被害者には巻き添え被害の民間人も多かったとみられる。こうして見ると、まさに2024年9月にイスラエル軍とヒズボラは完全に全面戦争に入ったといえる。

前述したように、イスラエル軍とヒズボラでは戦力に大きな差があり、戦闘すればイスラエル軍の圧勝である。しかし、レバノン社会に根を張るヒズボラへの攻撃は、現地に住む民間人の大規模な巻き添え被害を生む可能性が高い。そのため一方的な攻撃にはある程度の抑制が働くものだが、イスラエルはすでにガザへの虐殺行為で、そうした民間人付随被害がほぼ問題にされない国民世論になっていた。そのため、ネタニヤフ首相の決断にも、イスラエル国内での批判はほとんどなかった。

このように、2023年10月からイスラエル軍とヒズボラの戦闘は始まったが、いっきに本格化したのは、約1年後の2024年9月である。2023年10月の場合は、パレスチナ組織のハマスの奇襲に連動したヒズボラの攻撃が発端で、もともとイスラエルが望んだ戦闘ではなかった。イランのコッズ部隊の指示により、ヒズボラが仕掛けたものだ。

しかし、2024年9月の戦闘激化は、ネタニヤフが決断した。前年10月以降、ガザ攻撃を続けてきたが、今度はヒズボラを壊滅させる段階に入ったのだ。そのヒズボラ攻撃はかつてない大規模なものだった。

レバノンの親イラン組織・ヒズボラとは何か

ここで、ヒズボラとは何かを振り返っておきたい。

ヒズボラの組織の特徴は、もともと内戦下のレバノンに誕生したため、レバノンという国家の内部に存在しながら、国軍とは別に独自の民兵組織を持ち、実際にはレバノン政府の統治が及ばない独自の勢力圏を持っていることだ。イスラム教シーア派の組織であり、シーア派居住エリアの大部分を、実質的なヒズボラ地域として支配している。レバノンはキリスト教マロン派、イスラム教スンニ派、シーア派が三大勢力で（他にもドルーズ派など各派がいる）、ヒズボラ地域以外はアラブ世界では比較的オープンな社会だが、シーア派居住地域の多くをヒズボラが武力で支配しており、独特の閉鎖社会を形成している。イランのホメイニやハメネイの写真がそこかしこに掲げられ、まるでイランの飛び地のような雰囲気さえある。

ヒズボラはレバノン国会では有力な政党であり、ときに政権の一翼を担う合法的な存在である。学校や福祉活動などにも熱心な社会サービス組織でもある。しかし、やはり本質は民兵組織であり、レバノン東部、南部、それにベイルート南部地域を牛耳っている。

ヒズボラは1982年のイスラエル侵攻に対するレジスタンスとして、イランに誕生したばかりのホメイニ政権によって作られた。シーア派社会ではそれ以前に「アマル」という民兵組織があったが、ヒズボラはイランの支援で主導権を握っていった。

イランでは、発足まもないホメイニ政権のイスラム保守派の牙城だった「イスラム共和党」が実質的に主導していた「イスラム宣伝局」という機関が政治工作を統括した。イランからはイスラム革命防衛隊の要員がレバノンに派遣され、さまざまなシーア派グループを組織化し、武装し、訓練し、戦い方を指導した。実際、最初から統一された組織ではなく、さまざまなグループがあった。

最初からヒズボラという名称で活動していたわけではなく、いくつもの組織名が使われた（ヒズボラという組織名での公式の発足は1985年）。当初は「イスラム聖戦機構」という名称のグループが有名で、駐留する米仏軍へのテロや外国人誘拐を多数実行した。前述したように2024年7月に殺害された軍事部門トップのファアド・シュクル、同年9月に殺害された後継者のイブラヒム・アキルは、いずれもイスラム聖戦機構の幹部テロリストだった。つまりヒズボラの軍事部門は、イスラム革命防衛隊に育てられたテロリストが中心だった。

ヒズボラは軍事総司令官という公式ポジションを作らないが、初期の実質的なトップがイマド・ムグニヤで、彼は80年代から90年代にかけ、イランの外注のテロを世界各地で実行した。

ヒズボラ政治部門は当初、シーア派高位の聖職者であるムハマド・フセイン・ファドラッラーを精神的指導者とし、イラクのナジャフで教育を受けたイスラム聖職者のスビ・トゥファイリとアッバス・ムサウィを共同創設者とした。初代事務局長はトゥファイリ、2代目事務局長はムサウィが務めたが、1992年にイスラエル軍がムサウィを暗殺。ハッサン・ナスララが事務局長に就任した。ナスララはその後30年もの長期にわたって最高指導者の地位を務めたので、それなりに権威を身につけたが、トップ就任の頃はまだ経験不足で、イランの配下のような立場だった。

ヒズボラはこのように誕生以来、ずっとイランの強い影響下にあった。とくに初期の政治指導者だったトゥファイリが引退し、ムサウィが暗殺されてナスララがトップになって以降、イランが政治部門でも事実上の指揮下においている。ナスララはイランによってトップを許されていたような存在で、しばしば声明を出すが、内容は常にイランの意向が優先された。

もっとも、前述したようにナスララは最高指導者を長期務めたことで、イラン政界の指導部との人間関係でも古参になり、それなりの権威になっていった。

ヒズボラは政治部門とは独立して独自に軍事部門があり、「ジハード評議会」という名称が司令部となっている。だが、実際にはベイルート南郊の本部でコッズ部隊幹部とヒズボラ軍事部門の合同司令部を設置しており、事実上、革命防衛隊の直轄下にある。

2024年当時、ヒズボラの兵力は3〜5万人だった。常備兵力が3万人で、予備役が2万人である。ヒズボラは航空戦力や海上戦力をほとんど持たないので、兵力のほとんどすべては陸上の歩兵だ。コッズ部隊の指示により、ヒズボラは2011年以降のシリア紛争に大規模に投入されており、シリア反体制派との戦闘の経験を積んだ将兵が多い。

武器のほとんどは歩兵用の銃器と、地上発射のロケット砲、ミサイル、ドローン。さらにイスラエル空軍の空爆に備える対空兵器である。対イスラエル戦といっても、個人が携帯できる銃器を持って少人数が侵入する以外、イスラエル領内に攻め入る戦力はなく、基本的にはロケット砲、ミサイル、ドローンという飛び道具による攻撃に限られる。かつてはイラン工作機関の事実上の傭兵として欧州や南米、アジアなどでイスラエル関連施設を狙った爆弾テロを盛んに行なったが、近年はそうした事例がなく、海外テロ能力はさほどないとみられる。

ヒズボラの主力兵器はロケット砲と地対地弾道ミサイルで、総数は12万〜20万発とみられる。なかでも主力兵器は「カチューシャ」ロケット砲で、射程は4~40kmである。長射程のロケット弾やミサイルもあるが、数は多くない。

殲滅されたヒズボラ軍事部門

ヒズボラ軍事部門は90年代から対イスラエル越境作戦の工作班を作っており、イスラエル兵士の拉致などを行なってきた。当初はヒズボラ内部でも水面下の秘密部隊で「介入部隊」と呼ばれていたが、2008年に「ラドワン部隊」と名付けられた。ラドワンとは、ヒズボラの軍事部門の創設者の一人である前述したイマド・ムグニヤのゲリラ名である。ムグニヤは2008年に潜伏先のシリアでモサドとCIAの合同チームに暗殺されたが、その弟子・配下が多く所属していたことから、彼の名前が付けられたのだ。

ラドワン部隊はもともと小人数グループによる襲撃、さらに敵陣への潜入工作を得意とする部隊で、国境地帯でイスラエル兵士の拉致なども行なっていた。2010年代にはシリアに派遣されてシリア反体制派やIS(イスラム国)との戦闘にも参戦し、隊員の多くは戦闘経験を十分に積んだ。2023年10月以来、イスラエル北部への越境攻撃を主導しているのが、このラドワン部隊だった。その兵力はもともと2500人から3000人程度とみられたが、イスラエルとの戦闘で大ダメージを受けた。

ラドワン部隊はヒズボラの精鋭部隊であるが、実際にはイランのコッズ部隊から直接、指令を受けている。もともと「介入部隊」自体が革命防衛隊の指導で作られた部隊で、その流れを汲む現在の上級指揮官もコッズ部隊が訓練し、育成してきた。たとえば2024年1月に殺害された前述のウィサム・タウィルはもともと80年代末から長くヒズボラ軍事部門の兵士だったが、対イスラエル潜入部隊に参加するなど、イマド・ムグニヤの側近として活動していた。ムグニヤは前述したように世界各地での数々のテロの首謀者として知られるが、その多くはイラン工作機関(当時はコッズ部隊ではなく、イラン大統領府情報部)の代行として実行部隊を率いたテロ作戦だった。いわば、もともとイランの工作員のようなものだ。

そんなムグニヤに、彼が死去するまで師事していたタウィルだが、2010年代のシリア派遣軍幹部の時代には、コッズ部隊のカセム・ソレイマニ前司令官とも深い関係を作っていた。こうしたケースはタウィルだけではなく、他のラドワン部隊の上級幹部もほぼ似たような背景がある。

ラドワン部隊はヒズボラ軍事部門のエリート部隊であり、軍事部門内部での地位が高い。前述したように、2024年1月以来、ラドワン部隊の各級指揮官がイスラエル軍の狙い撃ちで殺害されているが、とくに9月に殺害された軍事部門の実質的なナンバー2だったイブラヒム・アキル(7月のシュクル暗殺後は事実上のトップ)は、ラドワン部隊の総司令官でもある。ちなみにアキルはラドワン部隊の幹部たちとの会合中に殺害されている。

いずれにせよ、2024年9月のイスラエル軍によるヒズボラ攻撃は大規模なもので、ヒズボラの戦力は大きく削《そ》がれた。特にヒズボラの本部は首都ベイルート南部のシーア派居住地区だが、そこが過去に例のないレベルの空爆を受けた。

9月27日にはベイルート南部のダヒエ郊外にあるハレト・ヘレイク地区の住居ビルの地階に設置されていたヒズボラ中央本部が空爆され、そこで会合中だったヒズボラと革命防衛隊の最高レベルの幹部たちが一緒に殺害された。ヒズボラの最高指導者であるハッサン・ナスララ事務局長と、イランのイスラム革命防衛隊作戦副司令官のアッバス・ニルフォロウシャン准将、さらにヒズボラ南部戦線の司令官アリ・カラキを含むヒズボラ上級指導者たちだった。

ヒズボラ最高指導者のナスララに加えて現役の革命防衛隊最高幹部の殺害に、イランは激怒した。特にイランにとってナスララは代理人であり、イランはこの2人の殺害に対するイスラエルへの報復を宣言した。

さらに10月1日、イスラエル軍は南レバノンに侵攻した。10月3日、ナスララの後継者とみられていたハシェム・サフィエディンも、ベイルート南部でのイスラエルの空爆で暗殺された。イスラエル軍のヒズボラ殲滅作戦は徹底したものだった。ヒズボラは地元に根差した組織であり、戦力の壊滅までは至らなかったが、政治指導部も軍事部門の上級指揮系統も半ば壊滅に近いダメージを受けた。

イスラエルの報復攻撃はどこまで続くか

その10月1日、イランがイスラエルをミサイルで攻撃した。4月の攻撃に続き、2回目の攻撃だった。イランは7月のテヘランでのハニヤ・ハマス政治局長暗殺と、今回のヒズボラのナスララ事務局長と革命防衛隊のニルフォロウシャン作戦副司令官殺害への報復だと宣言した。おそらくもともと7月のハニヤ暗殺への報復を宣言したことで対イスラエル攻撃の計画を進めていたものの、イスラエル軍の反撃を回避するためにタイミングを見計らっているうちに2か月が経過していたところ、ナスラとニルフォロウシャンが殺されたことで、実行の命令が下ったということだろう。

2か月の作戦準備がなされていたこともあり、4月のイスラエル攻撃に比して、この10月の攻撃は緻密《ちみつ》に計算された作戦だった。この攻撃で、イランはイスラエルに向けて約200発の弾道ミサイルを2回に分けて発射した。4月の攻撃で速度の遅い巡航ミサイルとドローンは迎撃されてしまったことから、今回は弾道ミサイルのみが使われた。それも、ミサイル防衛で迎撃されづらい低空を滑空して飛行する新型の滑空型弾道ミサイルも使われた。

実際、イスラエル軍の迎撃システムは飽和攻撃への対応が間に合わず、数十発のミサイルが着弾した。ただし、イランはやはりテルアビブなどの人口密集地への攻撃は行なわず、モサド本部付近やイスラエル南部の空軍基地などに標的を絞った。そのため、今回もイスラエルに実害はほとんどなかった。イラン側は4月の攻撃よりは確実にミサイルをイスラエル国土に着弾させながらも、被害を抑えるように標的を限定したのだ。もちろんイスラエル側からの報復の規模を抑える目的である。

イスラエルのネタニヤフ首相は、報復を宣言。それに対し、イラン側はイスラエルに対して「もしも再攻撃を受けたら、次はイスラエルの人口密集地を攻撃する」と宣言して牽制した。

イスラエルの報復まではしばらくの間があったが、10月26日、実行された。イスラエル軍はイランとイラク、シリアの20ヵ所に対して3波の攻撃を行なったのだ。なかでもイランに対する攻撃としては過去最大規模だった。

標的はテヘラン西部と南西部の軍事施設と、西部のイラク国境地帯にあるイーラーム州とフゼスタン州の各軍事施設と石油施設・港湾施設で、特に軍の防空システム、石油施設・港湾施設に付随する防空システム、ドローンとミサイルの製造施設だった。F-35ステルス戦闘機を含む100機以上の航空機が参加し、一部はイラン領空に侵入した。人的被害はイラン軍兵士4人と少ないが、軍のミサイルとドローンの生産能力が壊滅的な被害を受けたほか、イランの防空システムも大規模な被害を受けた。シリアへの攻撃は、対イラン攻撃に先立つレーダー施設破壊だった。

これに対し、イランのハメネイ最高指導者は報復を宣言しながらも、「被害を過大評価も過小評価もしてはならない」と発言。これはすぐには報復をしない言い訳ともとれる言い方との見方もあるが、報復を宣言したのは明確なので、ハメネイの言葉が最優先されるイランとしては、イスラエルへの報復攻撃を実行すると約束したに等しい。革命防衛隊の上層部や元司令官クラスにも同様の発言があった。

しかし、イランの防空システムが大きくダメージを受けている状況で、さらなるイスラエルの報復を呼ぶことが確実な対イスラエル攻撃は、イランにとってはあまりにもリスクが大きい。その後、実際にはイランはイスラエルへの報復攻撃を行なっていない。

他方、イスラエルとヒズボラは11月26日に停戦に合意し、翌27日に発効した。ただし、イスラエルが圧倒的に有利な状況にあり、今後もしばらくヒズボラは組織再建に専念せざるを得ないだろう。

イランがイスラエルとの関係で軍事的に劣勢に立った状況で、イスラエル内ではさらなる攻撃を求める声も大きい。10月の2度目の対イラン攻撃も、まったく不十分との国内世論も根強く、むしろイランの核施設への攻撃論が高まっている。ヒズボラの戦力を半ば壊滅させたことは、イスラエルの安全保障上の大きな脅威の一つが除去されたことでもあり、次なる段階としてはイランの核施設を破壊すべきという意見である。

実際、イスラエルの行動原理には、国際法や海外の圧力などは一切考慮せず、とにかく自国への脅威は軍事的に除去するという伝統がある。ネタニヤフ首相であろうとなかろうと、それは仮想敵に四方を囲まれたイスラエルの国民的なコンセンサスでもある。

そして、イスラエルにとって最大の脅威は、イランの核武装だ。ハマスやヒズボラは、テロやロケット砲の脅威はあるものの、脅威としてはさほど強敵ではない。イランも距離が遠いので、軍事的にはさほど脅威ではない。しかし、唯一の脅威であり、しかもイスラエルにとって死活的な脅威が、イランの核武装だ。イスラエルは、イランが本当に核武装するなら、軍事力のすべてを投入しても、必ずそれを阻止しようとするだろう。

イスラエル側は圧倒的な優位にある。ヒズボラの戦力の激減に加え、12月8日にはシリアのアサド政権が崩壊したことで、コッズ部隊のヒズボラ支援ルートも崩壊した。しかし、これはイラン側からすれば、核武装しないと自国の安全保障ができないということでもある。

イランは核武装に踏み切れば、イスラエルおよび米国から攻撃されると考えており、寸止め状態で留めている。しかし、核武装を決断すれば、1週間もかからずに核爆弾数発分の兵器級高濃縮ウランを製造できる。それをミサイルに搭載できるサイズに小型化して核弾頭化するのに数か月かかるとみられるが、構造が複雑でない大型の核爆弾ならすぐに製造可能だ。小型化してミサイルに搭載できなければ、空軍力が脆弱なイランでは大きな軍事的脅威を与える兵器にはならないが、イランに核爆弾が存在する状況になれば、イスラエルの安全保障は万全とはならない。

それ故にイスラエル国民には、この軍事的に優位な勢いでイランの核施設を今のうちに破壊すべしとの意見がある。ただ、イランの核施設でも重要な核濃縮施設などは地下深くに建設されている。イスラエル軍の持つ地下貫通爆弾ではおそらく破壊が難しい。

しかし、イランの核開発を大幅に遅らせる程度の攻撃はある程度できるだろう。イスラエルがそんな決断に至る可能性はある。米国の大統領となったトランプは、かねてよりイスラエルのイランの核施設への攻撃に関しては支持する旨を発言している。

問題は、イランの地下施設を破壊するために、イスラエルは米国に共同作戦を要請するだろうことだ。米軍の持つ超重量の地下貫通爆弾を米軍の大型ステルス爆撃機で投下するということであれば、地下深くに建設されたイランの核施設へのダメージは、桁違いに大きくできる。

決断するのはトランプ大統領なので予測は困難だが、仮に今後、米軍とイスラエル軍が共同でイラン核施設攻撃作戦を発動した場合、中東地域の緊張状態はいっきに高まることになる。

第2部

現代につながる20世紀中東戦国史

第4章

イスラム・テロ・ネットワークの現代史

中東の流血の原因といえば、まず宗教問題が挙げられる。宗教は世界中どこにもあって、宗派コミュニティあるいは教団をめぐる問題はさまざまだが、中東の場合は特に対立が多い。なかでも多数派の宗教コミュニティを持つイスラム教、欧米はじめ世界中に広く信者がいるキリスト教、それにもともと中東発で世界に散り、第2次世界大戦後にイスラエルを建国したユダヤ教という三大一神教が、エルサレムという同じ町に聖地を持ち、ときに激しく対立してきた。また、同じイスラム教でもスンニ派とシーア派、さらには他のいくつか違う宗派があり、そこもときに激しく対立してきた。

宗教はもともと死を恐れる人間を救うために誕生したものだが、歴史上、往々にして領土拡大を目指す戦闘的集団の支配層と結びつき、それは同時に教団の拡大を目指したことから紛争が勃発した。宗教が〝教団〟として成長する過程では多くの場合、さまざまなレベルの権力抗争と連動した。また、どの宗派も信徒はもちろん自分たちの神の教えが正しいと考えており、本質的には他宗派を正しい考えだとはみなしていない。そんな意識からの対立もあった。

もっとも、宗派が違うだけで抗争ばかりしていては、世の平穏はない。そこで中東のような宗派が混在する社会では、それぞれの信徒たちが互いの主張を認めて共存する知恵も身につけてきた。中東でも地域によって事情は異なるが、宗派共存の時期もあれば、ときに宗派間の抗争も起きた。

中東の宗派抗争というと、やはりイスラム過激派が思い浮かぶが、宗教の名の下で戦いを挑んだのは、イスラム教ばかりではない。たとえば11世紀から始まった十字軍との攻防戦は、聖地エルサレムを奪う目的で欧州からキリスト教軍団が侵略してきたことで勃発した。キリスト教徒たちがイスラム教徒たちに戦いを仕掛けたわけだ。

とはいえ、現在に至るひとつの大転機だった第2次世界大戦の終結以降を見ると、宗派抗争の火種としては主に2つが突出していた。1つはユダヤ教徒によるパレスチナ弾圧であり、もう1つはイスラム過激派のテロである。ただし、パレスチナ問題は実際のところ、宗派の違いからの宗派対立というより、入植したユダヤ教徒集団が支配するイスラエルと、それまで地元に住んでいたアラブ人、つまりパレスチナ人との間の土地の取り合いであり、両勢力による勢力圏の奪い合いの側面が強い。

もちろんエルサレムの取り合いについては宗派抗争の側面が強いが、全体的なイスラエルとパレスチナの対立の構造は、どちらかというと民族抗争に近い。それも実態としては抗争というよりも、戦力が圧倒的に優位なイスラエルによるほぼ一方的な勢力拡大に、パレスチナ側が抵抗してきたという構図になる。ただし、戦力に劣るパレスチナ側は、抵抗の手段としてテロを多用しており、国際社会に拡大するテロ問題を引き起こした。

このイスラエルとパレスチナの紛争については次章でとり上げるとして、本章ではもう1つの中東の大きな火種であるイスラム過激派の系譜とその闘争を振り返ってみたい。

イスラム過激派組織の起源・モスレム同胞団

イスラム過激派の歴史は長い。イスラムはもともと多神教が優勢だった7世紀のアラビア半島で、ユダヤ教やキリスト教に続く一神教の系譜として誕生。教祖の系譜が所属する隊商集団が〝軍団〟として勢力圏を広げていくのに連動して教団の勢力図が拡大した。いわば誕生の時から〝異教徒〟集団との熾烈な殺し合いの中にいたわけで、異教徒を排撃する過激な言説も連綿と続けられてきた。

やがて時代が過ぎ、中東を基点に世界の広範囲でイスラム圏が安定し、なかには世俗化した社会も出現してくる。とくに第1次世界大戦後のキリスト教欧州列強による委任統治支配に対する抵抗思想で、アラブ民族主義とならんでイスラム回帰主義の系譜が台頭した。「列強の支配に対抗するために、イスラム草創期の純粋なイスラム共同体体制に戻るべきだ」という考えである。

それ自体は宗教的な原則論のようなもので、必ずしも戦闘的で過激な立場に結びつくわけではないが、それはあくまで机上の理屈で、実際には反列強支配闘争の派閥を形成した。それはレジスタンス運動でありながら、同時に一種の世直し思想であり、必然的に社会不安あるいは大衆の不満が高まったときに台頭するという傾向があった。つまり、大衆的社会運動であり、かつ過激なテロに結びつく芽をかたち作った。社会運動と戦闘的な過激主義が連動する構造、それが中東のイスラム過激派の特徴といえる。

そんな現代のイスラム過激主義を〝組織〟形成の過程から過去に遡ると、大戦の戦間期にエジプト北東部の都市イスマイリアで誕生した「モスレム同胞団」に行き着く。非合法ながら現在もスンニ派イスラム主義勢力としてエジプト社会で隠然たる影響力を持つ巨大な大衆組織である。モスレム同胞団自身は過激なテロを掲げていないが、イスラム法によって統治される社会を目指しており、スンニ派系の過激なテロ組織の多くが同団の人脈から派生してきたという経緯がある。現在、トルコやカタールなど支援する国もあるが、エジプト以外にもサウジアラビアやＵＡＥなど、いくつかの国で非合法化されている。

モスレム同胞団は、１９２８年にハッサン・バンナという22歳の若い小学校教師によって結成された。当時、エジプトはイギリスの保護国から独立国となったばかりで、まだイギリスの強い影響下にあった。とくにイスマイリアなどのスエズ運河地方は完全にイギリス軍の実質的支配下にあった。そこで誕生したモスレム同胞団は、当然ながら、反英抵抗運動体という性格を帯びていたが、同組織がその後きわめて短時間のうちに急成長することとなったのは、その頃のエジプト国民の〝不満〟がそれだけ鬱積していたことの証左といえる。

バンナはもともとイスラム神秘主義系の教団に属していた。難解な教義を学ぶよりもひたすら「神は偉大なり」と叫ぶことが重視され、大衆組織として各地に根づいていた。神学理論には馴染めない大衆にも神秘主義は浸透しやすいため、とくに布教活動の尖兵として北アフリカや中央アジアなどのイスラム後発地域に勢力を伸ばしたが、エジプトの地方都市の下町でもかなりの影響力を持っていた。

バンナのモスレム同胞団は、教義修養よりもひたすら神への信仰を叫ぶこうした大衆性に、「異教徒は出て行け」と叫ぶ抵抗運動思想をミックスしたものだった。当時、すでに国王派や民族派政党がイギリス軍と粘り強い交渉を続けていたが、モスレム同胞団の単純な排他主義は、シンプルであればこそ不満分子の求心力となり得た。

最初は数名の仲間でスタートしたモスレム同胞団は、〝アラブの復権〟という民族主義的要素もあいまって急成長し、1932年には首都カイロに進出。第2次世界大戦勃発にともなって、同時期のもうひとつの有力抵抗組織だった親ナチス系の「ヤング・エジプト」(通称・緑シャツ隊)がイギリス軍に徹底的に弾圧されると、残る唯一の〝不満層の受け皿〟としてますます勢力を拡大する。近隣アラブ諸国にまで浸透するようになり、ダマスカス、エルサレム、アンマン、クウェート、ハルツーム、アデンなどに支部も開設。大戦終結時には、メンバーも5万人から7万人ほどに達していたといわれる。

バンナは、異教徒の支配者であるイギリス軍への聖戦を「イスラム教徒の義務である」と説き、「イスラム国家を建設する」ことを目標とした。1941年頃からしばしば弾圧を受けるようになったが、そのため、大戦後の1947年に急進派と穏健派の内部抗争が発生。熾烈な抗争の結果、創設者バンナを擁する急進派が主導権を獲得し、組織はさらに過激路線に傾いていった。

第1次中東戦争が生んだ元祖「イスラム過激派テロ」

そんなとき、1948年5月にイスラエル建国にともなう第1次中東戦争が勃発した。モスレム同胞団もメンバー多数が義勇軍として参戦したが、それはアラブ大衆に救世軍的な人気を引き起こし、瞬く間にメンバーが100万人近くまで急増する結果となった。バンナは組織の中核として約4万人の「青年行動隊」を組織するとともに、自身の私兵として秘密武闘組織「特別局」(タンディーム・カス)を創設した。特別局は100人から200人程度の若者たちから構成されたが、これがエジプト支配層への組織的暗殺を開始し、事実上の〝イスラム過激派テロ組織の元祖〟となった。

イスラム過激派の時代の幕開けとなる重大事件も、この特別局により引き起こされた。1948年12月、弾圧政策への報復として、マフムード・ヌクラシ首相を暗殺したのである。指令者であるバンナは、その報復として1949年2月に暗殺される。処刑部隊を指揮したのは、当時の首相警護隊長だったとみられる。

首相暗殺というテロを遂行し、大弾圧の対象となったモスレム同胞団だったが、国内の複雑な政治状況がその窮地を救った。1950年、ファルーク国王が国内ライバル勢力との主導権争いにあたり、政治的戦術として同胞団の新指導者ハッサン・ウスタス・フダイビと手を組んだのである。このため投獄中のメンバー多数が釈放され、翌1951年には組織も合法化されて、大衆組織として活動を再開することが許されたのだった。

ところが、翌1952年7月、アラブ民族主義を標榜するガマル・アブドル・ナセル中佐率いる「自由将校団」によるクーデターが起こる。モスレム同胞団も当初はナセルに協力したが、新政権から排除されたことで対立。1954年にはそれが表面化し、ついにフダイビらが逮捕された。

こうして指導部が大混乱に陥った間隙を衝いて、同胞団内部ではひとりの急進派中堅幹部が急速に台頭した。それが、同胞団機関紙『ダワ』(イスラムの呼びかけ)の編集長だったサイード・クトブである。彼こそは、イスラム過激派テロの理論を飛躍させた、現代イスラム社会史上、最も危険な煽動者だったといえるだろう。「イスラムの敵を殺せ」というのが、従来の過激派テロだったのだが、クトブはそこからさらに一歩突き抜けて「イスラム回帰に与《くみ》しない者は、すべて抹殺せよ」という極端に過激な説を提唱したのである。

このクトブの極端な主張は決してイスラム過激派の本流とはならなかったが、一部の間で後々まで受け継がれることとなったのは事実で、現在でも「クトブ主義者」といえば、イスラムの最過激派テロリストと位置づけられている。

さて、そんなモスレム同胞団クトブ派は、1954年10月、さっそく大騒動を引き起こした。アブドル・ラウーフという暗殺者が、ナセル首相（当時）を銃撃したのである。ナセルは運良く難を逃れたものの、その怒りはすさまじく、モスレム同胞団は再び非合法化され、クトブをはじめ約6000人が投獄されるという徹底的な大弾圧を受けた。このとき、摘発を逃れたメンバー数千人が国外逃亡する。多くはサウジアラビアへの逃亡を余儀なくされたのだが、その後に興ったテロ組織の中核は、ほとんどがこのときの投獄者・逃亡者のなかから生まれている。

その後、モスレム同胞団は長い低迷期に入る。ちなみに、クトブは1964年に10年ぶりに釈放されるが、1年後に「再びナセル暗殺と国家転覆を計画した」として再逮捕され、その1年後に処刑された。

同胞団が再び息を吹き返すのは、1970年のナセル急死後のことだ。ナセル派残党との権力抗争下にあったアンワル・サダト新大統領が、イスラム勢力を味方につけるため、非合法ながら活動黙認という政策をとったのだ。このサダト政権下の黙認政策で、同胞団は穏健派と急進派を内包しつつ、国民的規模の組織を再構築していった。その間口の広い大衆組織という性格は、現在までも受け継がれている。

さて、その後もエジプト当局から繰り返し弾圧を受けるたび、モスレム同胞団からは多くの過激分子が分派を形成していった。そのはしりとなったのが、1952年のナセル政権発足後に当時のフダイビ指導部に反発して誕生した「イスラム解放党」だろう。彼らは組織としては泡沫に過ぎなかったが、第1次中東戦争時に同胞団義勇兵たちが接触していたアラブ各国の軍人コネクションに浸透し、本国エジプトよりも、むしろヨルダンなどを中心に成長していく。

1954年のナセル暗殺未遂後も、弾圧を逃れた多くの残党たちが小規模な地下組織を数多く発足させた。それらのほとんどが、それぞれイスラム解放党あるいはイスラム解放機構を自称したが、互いの連携はほとんどなく、大きな勢力には成長しなかった。その頃はむしろ、アラブ全体がアラブ民族主義と社会主義の大ブームに沸いており、イスラム主義自体が時代の主役とはなり得なかったという事情もあった。

第4次中東戦争後、イスラム過激主義が伸長

彼らの実力が飛躍的に向上したのは、1973年10月の第4次中東戦争直後である。戦争

に積極的に参加したことで軍内部に支持者を獲得したうえ、スエズ運河地方から引き揚げた武器の多くが流れ込んだからだ。エジプト陸軍将校のなかにも、イスラム過激派の細胞（末端メンバー）が組織された。エジプト社会では、アラブ民族主義が少しずつ色あせはじめ、社会主義にもソ連の覇権主義が暗い影を落としはじめていた。イスラム過激主義はそんな状況下でようやく息を吹き返しつつあった。

奇妙な〝クーデター計画〟が起こったのは、1974年4月のことだ。モスレム同胞団出身の過激派がカイロ軍事工科大学の学生たちをオルグして結成した「ムハマドの息子たち」と名乗るわずか20人の武装グループが同大学に立て籠もり、蜂起の同調者を募ったのである。結局、百数十人が同調したものの、銃撃戦の末に鎮圧され、首謀者イブラヒム・サリーヤは絞首刑に処せられた。だが、このとき脱獄に成功した副官格のハッサン・ハラウィがアレキサンドリアに逃亡し、そこで新たな組織「ジハード団」を旗揚げする。ハラウィのジハード団は、クーデター未遂の実績からイスラム過激派人脈に人気を呼び、新たな仲間を加えていった。

しかし、そのジハード団も、1977年8月に大弾圧を受けると、組織はまた壊滅状態となった。地下に潜伏した残党たちはその後、他のモスレム同胞団出身過激派人脈や軍人地下グループなどとの合同・分裂を繰り返したが、1979年末、ようやく新生「ジハード団」の再結成に至る。その最有力派閥が、カイロのスラム街を本拠とするムハマド・ファラグのグループだったが、そこに陸軍少尉ハリド・イスランブーリ、軍情報部少佐アブドル・ズマルらが加わったことで、テロ組織としての潜在力が強化されていった。

ところで、第2次世界大戦後のエジプトでイスラム過激派が台頭したひとつの理由として、エジプト中南部に位置する〝上エジプト地方〟と呼ばれる地域の特殊性を考慮しないわけにはいかない。

ミニヤ、アシュートといったそれらの地域には、キリスト教の異端派といわれるコプト教徒の村が点在しており、昔から周囲のイスラム教徒村と激しい抗争を繰り返してきた。氏族の団結が強く、「血の復讐」の慣習が根づいているのは、ソマリアやジブチ、あるいはイエメンの遊牧民族なども共通する〝アフリカの角〟文化圏特有の民族性ともいえるだろうが、そこに宗教戦争の要素が加味された上エジプト地方では、宗派抗争は必然的に先鋭化する運命にあったのかもしれない。

モスレム同胞団の過激指導者サイード・クトブがこの地方の出身者だったことは典型的な例だが、それ以降も、とくに攻撃性の強い過激派グループの多くが、やはり上エジプト地方を母体に生まれてきた。なかでも突出していたのが、1971年に刑務所から釈放されたアシュート出身の元モスレム同胞団活動家シュクリ・ムスタファがミニヤで結成した「タクフィル・ワル・ヒジラ」(贖罪と聖遷。イスラム草創期の逸話に起源する用語だが、アラブ圏では一種の信仰スローガンとして認知される)だろう。同組織は、クトブ主義に通じる「世俗政権を認める者はすべて抹殺すべし」という極論に則《のっと》り、実際に無差別テロを推し進めた。治安部隊によって壊滅させられるまでの6年間にじつに数百件ものテロを行ない、コプト教徒のみならず、宗教資産相を含む政府関係者やイスラム穏健派など多数の人間を殺害した。勢力は、当時のジハード団などと比べてもかなり大規模で、最盛期で5000人近くにも及んだという。

さらに70年代半ばには、アシュートの学生組織がイスラム過激化して「イスラム集団」が誕生した。イスラム集団はその後、エジプト全土に過激派メンバーを獲得し、80年代以降のエジプトのイスラム過激派の最有力組織に成長していった。

ところで、1979年9月のキャンプデービッド合意でイスラエルとの電撃的和平に踏み切ったサダト大統領は、「アラブの裏切者」として各方面から非難の集中砲火を浴びた。とくにPLOやリビアの罵りは激烈なものがあったが、エジプト国内でもイスラム過激派による反サダト運動が活発化していった。

こうした政治的状況と同時期、上エジプト地方ではイスラム教徒対コプト教徒の対立が大規模な暴動にまで発展した。サダト政権はイスラム過激勢力の一斉摘発に乗り出し、1981年9月には、モスレム同胞団急進派およびイスラム集団の活動家ら約4500人を投獄してしまう。これを受け、イスラム過激派はついにその本性を剝き出しにした。10月6日、第4次中東戦争記念軍事パレードに臨んだサダトを、ジハード団の暗殺者4人が襲撃し、殺害に成功したのである。実行犯リーダーは、ハリド・イスランブーリ少尉。作戦を首謀したのはジハード団のトップであるムハマド・ファラグと、ナンバー2のアブドル・ズマル少佐で、武器調達にはファラグと関係のあるタクフィル・ワル・ヒジラ残党人脈が関わっていた。

また、イスラム集団もその2日後、騒動に乗じてアシュートで蜂起し、町を2日間にわたって占拠したが、結局は鎮圧された。このイスラム集団の蜂起を工作したのはジハード団のズマル少佐とみられており、両組織は以前から密接な協力関係にあったようだ。サダト暗殺実行犯イスランブーリ少尉の実兄ムハマド・イスランブーリも、イスラム集団の古参メンバーである。このエジプトの2大イスラム過激派テロ組織に関しては、しばしば「ジハード団は軍人や政府内部に浸透するエリート層の地下組織」で「イスラム集団は上エジプト地方およびカイロのスラム地区に根を張る武闘派組織」という解説がなされ、それは組織の性格としてほぼ正しいともいえるが、テロ人脈のレベルでみれば、それほど明確に区別されていない。

それはともかく、このサダト暗殺のニュースは、大きな衝撃を国際社会に与えた。なにしろ、それまで「テロリストといえばパレスチナ・ゲリラか極左組織というのが当たり前」だったところに、イスラム過激派組織という得体の知れないテロ集団が地域大国エジプトの最高権力者をあっけなく葬ってしまったからだ。

イスラム過激主義がエジプトから世界に拡散

ところで、このサダト暗殺事件でエジプトのイスラム過激派はひとつのピークを迎えたのだが、じつはその後、思わぬ余波を生み出すこととなった。政府による大弾圧に追われて、多くのテロリストが海外に流出したのである。その大多数がサウジアラビアなど湾岸産油国に流れた。サウジアラビアに逃げた面々の中には、ジハード団の幹部だった医師のアイマン・ザワヒリの姿もあった。後にウサマ・ビンラディンとアルカイダを率いた人物である。ザワヒリらジハード団とイスラム集団の残党たちは、逃亡先の湾岸諸国で過激思想をますます先鋭化させた。それは地元の若者たちだけでなく、出稼ぎなどで来ていた他のアラブ各国出身者にも影響を与えた。イスラム過激派の思想は、深く静かに浸透したのだ。

さらにその頃、彼らを熱くさせた場所があった。1979年12月のソ連軍の侵攻で戦場と化していたアフガニスタンだった。そこに行けば、共産主義者に抵抗しているイスラム・ゲリラたちがいる。彼らにとって、イスラム義勇兵として聖戦に参加できる輝かしい戦線が存在していたのだ。

こうして多くのイスラム過激派テロリストたちが、湾岸諸国経由で続々と岩山の戦場を目指していくこととなった。そして、さらにそこで同じように各地から馳せ参じてきた義勇兵たちと出会い、彼らに強烈なテロの思想を伝染させていく。イスラム過激派テロが、国境を越えて世界に拡散していったのである。

第5章

イスラエル建国と中東紛争の本丸・パレスチナ問題

中東の紛争の本丸はパレスチナ問題だ。もともとアラブ人であるパレスチナ人たちが住んでいた土地にユダヤ人たちが移住し、やがてパレスチナ人の住民たちを追い出してイスラエルという国を作った。多くのパレスチナ人たちは難民になった。さらにイスラエルは、国際的にもイスラエルと認められていない土地まで占領し続けた。パレスチナ人たちは弾圧を受け続けた。

イスラエルの一方的な建国とパレスチナ人の追放と弾圧は、アラブ諸国、さらには世界中のイスラム圏で強い反発を生み、パレスチナ人が自分たちの国を取り戻すことを支援することが「アラブの大義」と呼ばれた。周囲のアラブ諸国とイスラエルは何度も戦争となり、「中東戦争」と呼ばれた。もっとも、裕福なユダヤ人たちが建国し、海外のユダヤ人社会や欧米諸国の支援を受けるイスラエルの軍事力は強力で、周囲のアラブ諸国ではほぼ太刀打ちできない。軍事的にはイスラエルが優位の状況が定着し、中東地域の中心ともいえる土地に誕生した新興国家としてのイスラエルの存在が定着した。

やがてパレスチナ人の中から、イスラエルの占領に抵抗する武装ゲリラが誕生する。その主流勢力はアラブ諸国から支援されたが、支援するアラブ諸国は多くの場合、独裁政権だったため、それぞれのパトロンの強い影響下に置かれた。また、有力なパレスチナ・ゲリラの一部は、冷戦構造の下でイスラエルを支援する米国に対抗するソ連の支援を間接的に受けたが、それはつまりソ連の工作機関「KGB」の強い影響下に置かれたことを意味した。

パレスチナ・ゲリラはイスラエルとまったく比較にならないほど戦力が脆弱だったため、抵抗の手段としてハイジャックなどのテロを多用した。その背後ではしばしばKGBやアラブ圏独裁国の工作機関が暗躍した。さらには同じ左翼陣営ということで、欧州や日本の極左テロ組織が近づいた。

冷戦終結後は連携する海外の旧共産国や左翼勢力も弱体化し、パレスチナ・ゲリラの多くも穏健路線に転向していった。パレスチナ社会の対イスラエル抵抗運動の中心も、冷戦時代に活動したパレスチナ・ゲリラ各派から、ハマスなどのイスラム系組織に移っていった。

以上が、イスラエル＝パレスチナの紛争の大まかな流れだが、その戦いの各時代にはさまざまな人間たちの交差があった。この章では、イスラエル側の事情について、人と組織に注目して振り返ってみたい。

イギリス統治下パレスチナのユダヤ人自警団＝武装組織

現在のイスラエル＝パレスチナの地域は紀元前からの長い歴史を持つ。エルサレムは中東を起源とする三大一神教であるユダヤ教、キリスト教、イスラム教の聖地でもある。紀元前にはユダヤ人たちの王国などもあったが、その後、ユダヤ人は世界各地に離散し、アラブ人が居住していた。ユダヤ人はロシアや東欧に多く定着した。

その後、この地は16世紀にオスマン帝国に占領されたが、19世紀に欧州でユダヤ人迫害、いわゆるポグロムが起きる。それに対し、かつてイスラエル王国があったパレスチナの土地にユダヤ人の国を作るというシオニズム運動が始まる。1897年にはスイス・バーゼルで、第1回シオニスト会議が開催された。主導したのはハンガリー出身の新聞記者だったテオドール・ヘルツルで、彼を議長とする「世界シオニスト機構」が結成された。

その後、特にユダヤ人迫害が強かったロシアや東欧のユダヤ人の中から、シオニストが多く生まれ、パレスチナへの移住が始まった。世界有数の財閥であるロスチャイルド家の資金援助もあった。もっとも、その土地にはもともとアラブ人の住民がおり、対立・衝突が起きた。1907年、シオニズムを掲げるユダヤ人自警団「バル・ギオラ」が創設された。わずか10人のメンバーの小組織だったが、これが後のイスラエル国防軍の源流である。

バル・ギオラの創設者は現在のベラルーシ出身のイスラエル・ショチャットだった。彼は十代の頃からベラルーシでユダヤ人自警団に参加していたが、19歳でパレスチナに移住。入植活動をしつつ22歳でバル・ギオラを作った。そこを母体に仲間を集め、1909年に「ハショメル」に発展させた。ハショメルは初のまとまったユダヤ人軍事組織ではあったが、それでもメンバーは最盛期でも約100人だった。

政治的には、1914年から1918年まで続いた第1次世界大戦が、シオニズム運動の契機になった。大戦末期の1917年、イギリスがロスチャイルド家らユダヤ系財閥の支援を受けるために、アーサー・バルフォア外相がユダヤ系貴族院議員のウォルター・ロスチャイルドに対して「シオニズムを支持し、パレスチナにユダヤ人の居住地を建設するのを支援する」ことをイギリス政府の公式な見解として約束したのだ。いわゆる〝バルフォア宣言〟である。

これは大戦初期の1915年、イギリスが対オスマン帝国でアラブ人を味方につけるため、イギリスの駐エジプト高等弁務官ヘンリー・マクマホンが、メッカの太守だったフセイン・イブン・アリにアラブの独立とアラブ人のパレスチナでの居住を認めた〝フセイン＝マクマホン協定〟と矛盾する内容で、後々まで批判されることになるのだが、こうして終戦後、シオニズム運動はいっきに加速した。パレスチナは大戦でオスマン帝国が崩壊した後、1920年からイギリス委任統治領になっていた。つまり、イギリス統治下のパレスチナで、ユダヤ人の入植者たちはユダヤ人共同体を作っていったのだ。

そんな状況で登場したのが、初代のイスラエル首相となるダビド・ベン・グリオンだった。

本章はイスラエルが現代の中東の火種になった経緯を振り返るが、そこにはキーマンとなった人物たちと、彼らが所属してきた〝組織〟の変遷が深く関係している。そのため、多くの組織名と人名が登場するが、まずはなんといっても、建国の第一の立役者だったこの人物について紹介したい。

ベン・グリオンは1886年にポーランドで生まれた。大学在学中にシオニスト活動家になり、19歳でパレスチナに入植。前述の自警団「ハショメル」に参加する。その後、イスタンブールに留学し、シオニスト系新聞で活動。29歳で米国ニューヨークに移住するが、第1次世界大戦でイギリス軍のユダヤ人部隊「ユダヤ軍団」に志願した。

ベン・グリオンは終戦後にパレスチナに戻ると、1919年にシオニスト組織「アフダット・ハーヴォダ」を創設。翌1920年、パレスチナのユダヤ人組織としては最大の労働組合連合組織「イスラエル労働総同盟」(ヒスタドルート)の結成に参加し、書記長となった。同年、前出の自警団「ハショメル」が大幅に拡大再編され、パレスチナのユダヤ人共同体の正規の武装組織「ハガナー」が創設されるが、ベン・グリオンはこのハガナーの幹部も務めた。

第1次世界大戦でイギリス軍の下で戦った前出のユダヤ軍団のうち、パレスチナに留まった戦闘員の多くはハガナーに参加した。ユダヤ人の入植者はその後も増加し続け、ハガナーも強化された。ハガナーは後にイスラエル国防軍の最大の母体となる。

1930年、ベン・グリオンはヒスタドルートと他の組織を合併させてシオニスト組織「マパイ党」を結成すると、1935年にはパレスチナのユダヤ人の代表組織「ユダヤ機関」の執行委員会議長に就任した。ユダヤ機関は前述の「世界シオニスト機構」のパレスチナでの組織運営機関として1929年に創設されていた組織である。

以後、ベン・グリオンはユダヤ機関議長として第2次世界大戦から戦後のイスラエル建国に至る時期のパレスチナのユダヤ人共同体の事実上の最高指導者となった。武装組織「ハガナー」も事実上、ベン・グリオンの指揮下に置かれた。

他にもイギリス統治時代には英当局の下に「パレスチナ警察」が作られたが、1936年にアラブ人の反英闘争〝アラブの反乱〟が起きると、パレスチナ警察の下にユダヤ人警察部隊「ノトリム」が創設された。ノトリムには機動隊的な「ユダヤ入植地警察」(JSP)と軽武装の「ユダヤ補助警察」(ガフィールズ)が作られた。1938年にはJSPの下にユダヤ人と英軍兵士の合同ゲリラ対策部隊として100人規模の精鋭部隊「特別夜戦分隊」(SNS)も作られた。もっとも、これらの部隊をまとめるノトリムのメンバーのほとんどは、ハガナーから送り込まれていた。組織系統的には英統治当局の下部組織だが、実質的にはハガナーの別動隊だった。また、第2次世界大戦中の1941年には、特別夜戦分隊を改編して、ハガナーの常設精鋭部隊「パルマッハ」(突撃隊)が作られた。

このように、シオニストの欧州からの入植に連動して、パレスチナにはユダヤ人自警団が作られた。それらはバル・ギオラ、ハショメル、ハガナーと拡大再編された。しかし、これらの武装組織は、ユダヤ人入植者からすれば〝自警団〟だが、彼らと対立したパレスチナ人住民たちからみれば〝テロリスト〟だった。

ユダヤ人入植者のグループの中には、ハガナーよりもさらに過激な対アラブ路線をとる武装グループもあった。1931年にハガナー内の強硬派が分派した「イルグン」（別名「エッエル」）である。

第2次大戦中の1940年には、イルグンの幹部だったアブラハム・シュテルンが分派し、さらに過激な組織「レヒ」を創設した。レヒはイギリス当局と敵対し、イギリス兵や警察官への襲撃や、イギリス当局に協力するユダヤ人の暗殺などのテロ行為を重ねた。軍資金を得るための脅迫行為や、イギリス系の銀行への強盗まで行なった。ハガナーやイルグンとも対立した。

イスラエル建国とパレスチナ弾圧

1945年に第2次世界大戦が終結した後は、欧州からさらにユダヤ人移民が来て、パレスチナのユダヤ人共同体はかなりの規模になっていった。ユダヤ人の武装組織もかなりの数になっており、イギリス統治当局の下にあった軍や治安機関のユダヤ人のメンバーの多くは、そのままユダヤ社会正規の軍事組織であるハガナーの影響下にあった。ハガナーの外部にはイルグンやレヒがあった。そして、そのいずれの勢力も、パレスチナ人を武力で追い出す暴力装置の役目を果たしていた。ユダヤ人共同体からすれば、シオニストの新国家建設の頼もしい軍事機構だったが、弾圧されて追い出されるパレスチナ人の側からすれば、凶悪なテロ集団でもあった。

大戦中、ナチスの迫害を受けた欧州のユダヤ人たちは、パレスチナの地でユダヤ人の新たな国家建設を模索し、そこに移住することを希望した。長年にわたって流浪の民族だったユダヤ人が、自分たちの先祖の国があった場所にユダヤ民族国家を作ろうとしたのだ。しかし、イギリス当局が当初はそれを認めなかった。パレスチナのユダヤ人社会は反発し、イルグンやレヒなどはイギリス統治当局に対するテロを繰り返した。

ただ、この時期も欧州からのユダヤ人の組織的な密航はあった。大戦末期の1944年にイギリス軍が約1万人の「ユダヤ旅団」を組織してイタリア戦線などに投入しており、1946年に解散したが、その退役軍人組織がそういった密航作戦をかなり大規模に行なっていた。ユダヤ旅団はかねてよりハガナーへの武器の密輸も行なっており、解散後はその退役軍人たちの多くがパレスチナ入りしていた。

1947年2月、ついにイギリスはパレスチナの委任統治を終了する意向を表明する。同年4月、イギリスは戦後まもなく誕生した国連に政治的な判断を委ねることとし、同11月、国連総会がパレスチナ分割決議を採択した。イギリス委任統治だったパレスチナを独立させ、アラブ人国家とユダヤ人国家で分割する内容だった。ユダヤ人の主流派は受諾、アラブ人は拒否した。

現地ではユダヤ人とアラブ人の攻防が激化したが、この国連決議に基づき、1948年5月、イギリスの委任統治は終了。ユダヤ人たちはイスラエル独立を宣言する。翌日、周囲のアラブ諸国が新国家イスラエルへ侵攻し、第1次中東戦争が勃発した。イスラエル側はハガナーを中核として応戦した。

この時点で、ハガナーは2万数千人の兵力になっていたが、大戦中に欧州の軍にいた退役軍人たちなども参戦し、7万5000人の兵力になった。他にも前述した元ユダヤ旅団の退役軍人や、治安警察部隊のノトリム、過激派のイルグンやレヒなどもいて、この第1次中東戦争の休戦中に糾合して「イスラエル国防軍」に再編された。1949年の終戦時には、国防軍は12万人の部隊になっていた。

国防軍は海外のユダヤ人の支援などもあって強力な軍隊に成長し、以後、第4次まで起きた中東戦争でもイスラエルの独立を守った。しかし、その間、パレスチナ人の住民を暴力で追放し、大量のパレスチナ難民を生んだ。また、1967年の第3次中東戦争では、本来はイスラエルと認められていないガザ地区やシナイ半島、ヨルダン川西岸（東エルサレム含む）、ゴラン高原なども占領し、パレスチナ人住民を弾圧した（シナイ半島は後にエジプトに返還）。その国連決議違反の不法占領と弾圧は、現在まで続いている。

いずれにせよ、こうしてもともとアラブ人が住んでいる土地に、海外から移住してきた他民族が一方的に国家を作るというイスラエル建国そのものが、中東の紛争の根源にある。国際法的には国連決議でユダヤ人国家は許されているが、そもそもシオニズムがなければ、起きていない紛争だ。

しかも、国連決議で許された以上の土地を占領しているのは、国際法違反である。こうした占領への抵抗として、パレスチナ側にはパレスチナ・ゲリラ各派が生まれ、武装闘争を行なってきた。パレスチナ側の戦闘集団については次章で詳述するが、両派の戦いは世代を超えて続いている。

このように、イスラエルは建国される前から続いてきた戦いの中で誕生した。もともと戦闘国家なのだ。そして、そんな闘争を率いてきたユダヤ人側の戦闘指導者が、イスラエルを建国した。

20世紀イスラエルの指導者たち

イスラエルの初期の政治指導者たちのほとんどは欧州からやってきたシオニストであり、その多くが建国前後の戦いのリーダーたちだった。

まず、イスラエル建国を主導したのは、前述したポーランド出身のダビド・ベン・グリオンだ。イギリス委任統治時代のユダヤ人共同体の政治リーダーで、軍事組織「ハガナー」の実質的司令官でもあった。建国して初代と第3代の首相兼国防相を務めた。彼が首相兼国防相を辞任したのは1963年。途中で2年間のブランクはあるが、長期政権だった。1956年の第2次中東戦争（スエズ動乱）はベン・グリオンが首相として指揮した。

その後、非軍人系の首相が2代続く。その間の1967年に第3次中東戦争（6日間戦争）が起きた。ベン・グリオン政権での第2次中東戦争でイスラエル国防軍の参謀総長を務め、その後の第3次中東戦争では国防相としてイスラエルを大勝に導いたのが、有名なモシェ・ダヤンである。

ダヤンは1915年にパレスチナのユダヤ人入植地で生まれた。14歳で草創期のハガナーのメンバーとなって、対アラブ人の武装闘争の道に入る。23歳でユダヤ人警察部隊「ノトリム」の民兵「ユダヤ補助警察」隊員となるが、やがてノトリムの治安部隊「ユダヤ入植地警察」隷下の精鋭部隊「特別夜戦分隊」に参加するようになった。

その後、ハガナーの軍事教官となり、第2次世界大戦を迎える。彼はパレスチナを拠点とする連合軍オーストラリア部隊の偵察部隊に所属し、周辺国での潜入偵察任務をこなした。この時の戦闘で片目を失明している。そのため建国後にイスラエル国防軍を率いるようになった際には、「隻眼の将軍」と呼ばれた。

ダヤンは大戦の終戦後はハガナー参謀本部の幹部将校となり、アラブ人勢力との戦闘を指揮。その後のイスラエル建国前後から第1次中東戦争では前線の部隊指揮官として戦った。

1953年、参謀総長に就任。前述したように第2次中東戦争を指揮して勝利する。この時の鮮やかな作戦指揮ぶりで、国民的な英雄になった。1958年に退役して政治家に転身。1967年には国防相に任命され、直後の第3次中東戦争を大勝に導いた。1973年の第4次中東戦争も国防相として戦争を指導した。

なお、短期決戦で圧勝した第3次中東戦争の際、参謀総長として実際に国防軍を率いたのが、イツハク・ラビンである。この華々しい戦果の指揮官として、彼も国民的英雄になった。ラビンの人生は劇的だ。彼は1922年、エルサレムに生まれた。父はロシア出身で、ハガナーの戦闘員だった。彼自身も19歳の時、第2次世界大戦勃発直後にハガナーの精鋭部隊「パルマッハ」(突撃隊)の隊員になって戦った。そのままイスラエル国防軍の幹部となり、1962年、40歳で参謀総長となった。前述のように第3次中東戦争で国防軍を率いた後、退役。外交官を経て政治家となり、1974年、左派の労働党党首となり、第6代首相となった。

1977年に首相を辞任するが、1984年に国防相に就任。1990年まで務めるが、その間、パレスチナ人の第1次インティファーダに対処している。1992年、首相に再任されると、パレスチナ側との和解を主導し、1993年にはパレスチナ人に暫定自治を認めるオスロ合意を結ぶ。この功績でヤセル・アラファトPLO議長とともにノーベル平和賞を受賞するが、1995年にユダヤ教極右の青年に暗殺された。

ラビンはパレスチナ側との和解を模索したリーダーだったが、イスラエルでパレスチナ側を敵視する強硬派が首相になった時期は、当然だがパレスチナ人への弾圧が強まった。

たとえば第1期ラビン政権の後に第7代首相となったメナヘム・ベギンだ。彼はベラルーシ出身だが、第2次世界大戦中にパレスチナに移住すると、反アラブ人闘争に参加。過激派組織「イルグン」創設にナンバー2格で参加し、戦後はイルグン司令官になった人物だ。1948年、解散するイルグンの政治的後継組織として右派政党「ヘルート」を創設。ベン・グリオン首相とは対立したが、右派の有力政治家として活動し、1965年にはヘルートを母体に右派政党「ガハル」を結党する。1977年には「リクード」に改編したが、その後、リクードはイスラエル政界の有力な右派政党として成長している。ちなみに2025年現在のネタニヤフ首相も、リクード党首だ。

ベギンはリクード党首として議席を集め、1977年に首相に就任した。彼もパレスチナ人には厳しい立場だったが、周辺アラブ諸国との緊張緩和には積極的で、1978年にエジプトと国交樹立のキャンプ・デービッド合意を進め、翌1979年にシナイ半島返還を含むエジプト・イスラエル平和条約を調印した。ベギンはこれでエジプトのサダト大統領とともにノーベル平和賞を受賞している。

もっとも、ベギンはPLOとの武力闘争では一歩も引かず、1982年にはPLO追撃のためにレバノン侵攻を行なった。翌1983年、ベギンは引退するが、リクードの後継者にイツハク・シャミルを指名。ベギン政権の次にシャミル政権が誕生した。

シャミルは反パレスチナが際立った首相だった。彼はロシア出身で、第2次世界大戦前にパレスチナに移住し、過激派組織「イルグン」に参加した。さらにそこから最過激派のテロ組織「レヒ」が分派した際にはそちらに参画し、リーダーとなっている。イスラエル建国後はいったん民間企業を経営するが、1955年に諜報機関「モサド」に入局し、10年間勤めた。その間、周辺国にスパイとして潜入したこともあったようだ。

彼はその後、1969年にベギンが率いていた右派政党「ヘルート」に参入。同党がガハルに再編され、さらにリクードに再編されると、そのままリクードの最右派の国会議員となり、国会議長となり、外相となり、ベギン後の首相を務めた。

シャミルは強硬派の首相だったが、彼の2回の首相就任と入れ替わるように2回、首相を務めたのが、対パレスチナでは穏健派のシモン・ペレスだった。彼はベラルーシ出身で少年期に家族とパレスチナに移住したが、第2次世界大戦後に24歳でハガナーに参加。イスラエル建国後は米国に留学。帰国後の1952年に国防次官に就任した。その後、左派の労働党の議員となり、党首に。1984年に首相となった。その後、リクードのシャミル政権にとって代わられるが、1992年にシャミル政権の次のラビン政権の外相となり、翌年のオスロ合意への交渉を担当した。彼もラビンやアラファトと同時にノーベル平和賞を受賞している。1995年のラビン暗殺後、そのまま首相に返り咲いた。

ペレス政権はパレスチナとの和解を模索したが、１９９６年に次の政権をリクードのベンヤミン・ネタニヤフに奪われると、パレスチナ側との和解がスピードダウンする。ネタニヤフは90年代後半からのイスラエル政界で大きな地位を占めた政治家で、後に何度も首相に返り咲き、２０２５年現在も首相ポストにある。リクード党首の彼が首相の期間は、やはりパレスチナ住民への弾圧は強まる。

ネタニヤフは１９４９年生まれ。イスラエル建国後に生まれた初の首相である。小学校時代と高校時代を米国で過ごし、帰国後にイスラエル国防軍に入隊。特殊部隊将校となり、数々の戦闘に参加した。除隊後に米マサチューセッツ工科大学に学び、卒業後は大手経営コンサルタント会社で勤務した。

彼にとって大きな出来事だったのが、１９７６年の大学卒業直前に起きたエンテベ空港事件だ。パレスチナ人とドイツ人の過激派がテルアビブ発のエール・フランス航空機をハイジャックし、ウガンダのエンテベ空港に駐機してイスラエル人とユダヤ人の乗客を人質としたテロ事件だった。この時、イスラエル軍の特殊部隊が現地を強襲して人質を解放したが、特殊部隊指揮官が戦死した。この指揮官がネタニヤフの実兄で、イスラエルの国民的ヒーローとなった。

ネタニヤフは１９７８年に帰国し、兄の名前をとった「ヨナタン・ネタニヤフ反テロ研究所」を作った。ネタニヤフは国民的ヒーローの弟として注目され、著名政治家と人脈を作り、その政治家が駐米大使となったのを機に駐米イスラエル大使館の首席公使を務めた。彼は対外的な広報の能力を認められ、国連大使を4年間務めた。

1988年に帰国してリクードに入党し、政治家に転じた。外務副大臣などを務めたが、1991年の湾岸戦争では国際メディアにしばしば登場し、スポークスマン的な地位を確立。首相府副大臣に就任し、1993年にはリクード党首にもなった。1996年の選挙で勝利し、首相になった。

当時、イスラエルではハマスによる自爆テロが頻発しており、ネタニヤフ政権は対パレスチナ強硬路線を続けた。アラファト率いるパレスチナ自治政府（PA）との和平プロセスは著しく停滞した。それでもアラファトとの交渉自体は進めたが、そのことで右派勢力から批判され、また汚職疑惑もあってネタニヤフは国民的支持を失い、1999年にいったん政界を引退している。

ネタニヤフ政権の次には、労働党のエフード・バラク政権となった。バラクは特殊部隊経験の長い歴戦のエリート軍人で、軍の情報機関である参謀本部情報部長などを経て、国防軍のトップの参謀総長を務めた。しかし、対パレスチナでは比較的融和派で、その道を模索したが進められなかった。

21世紀イスラエルの指導者たち

２０００年のバラク首相とアラファトとの交渉が失敗した直後、リクード党首のアリエル・シャロンが和解交渉の焦点の場所でもあった東エルサレムの聖地「神殿の丘／アル・アクサ・モスク」を１０００人以上の治安部隊に護衛されて訪問し、東エルサレムはすべてイスラエルのものだと発言。パレスチナ住民たちは猛反発し、激しい投石デモが頻発。第２次インティファーダに発展した。

その抵抗闘争は１９８７年から１９９３年にかけての第1次インティファーダをはるかに上回るもので、自爆テロが頻発した。２００1年、衝突のきっかけを作った張本人であるシャロンが首相に就任。きわめて厳しい弾圧を開始した。

シャロンは古参の軍人で右派指導者だった。１９２８年にパレスチナの入植地で生まれ、14歳でハガナーの隊員となる。建国後はそのまま国防軍に入り、特殊部隊指揮官と空挺部隊指揮官を経て方面軍司令官となり、第3次中東戦争と第4次中東戦争では機甲師団長として戦果を上げた。退役後、リクードの議員として政界に進出。ベギン政権で入閣し、ユダヤ強硬派による占領地での入植拡大を主導した。１９８2年にはベギン政権の国防相としてレバノン侵攻を指揮。パレスチナ難民キャンプでの残虐な虐殺の責任を問われ、国防相を辞任するが、その後のシャミル政権やペレス政権でも閣僚に留まった。１９９9年にリクード党首に就任。２０００年には前述したようにパレスチナ人を挑発して第２次インティファーダの原因を作ったが、2001年、首相に就任した。

シャロン政権の特徴は、徹底した隔離政策だった。彼はイスラエル首相としては初めて「パレスチナ人はヨルダン川西岸で自国を持つべきだ」と語り、米国、EU、ロシア、国連が提示した和平ロードマップを支持し、アラファト死去後にパレスチナ自治政府議長となったマフムード・アッバスとの対話を開始した。

しかし、同時に彼はパレスチナ側からのテロを防ぐ目的で、ヨルダン川西岸の周囲に隔離壁を建設し、パレスチナ人住民を閉じ込めた。ガザ地区からイスラエル軍を撤退させたが、外部との往来を厳しく制限した。そうして隔離しつつ、国防軍や治安機関を使って、自爆テロまで行なっていたパレスチナ側の抵抗組織各派を封じた。パレスチナ抵抗組織側は当然、激しく反発した。

実際のところ、シャロン政権では2国家解決への道は進まず、イスラエルとパレスチナ人居住地域を隔離するだけだった。アッバス議長率いる自治政府は弱体化し、抵抗運動としての主導権をハマスに奪われた。シャロン首相は任期途中にリクードを離党し、中道シオニズム派の「カディマ党」を創設した。彼は2006年に病気で辞任するが、そのままカディマ党のトップとなったエフード・オルメルト元エルサレム市長が首相に就任した。

その後、ネタニヤフが再び首相となった。彼は前述したように1999年にいったん政界を引退しており、その後、通信機メーカーのコンサルタントになるが、政治活動を再開。2

003年に財務相に就任。さらに2005年にリクード党首に復帰し、2009年に2度目の首相ポストに就いたのだった。

2度目のネタニヤフ政権は、イスラエル政界をうまく泳いで連立を維持し、2021年まで長期政権を担った。その間、対パレスチナでは強い立場で臨み、パレスチナ自治政府と合意していたヨルダン川西岸地区での自治は多くの地区で実質的に骨抜きにされた。ガザ地区を実効支配するハマスに対しては公式には強い立場で敵対したが、ときにパレスチナ自治政府を弱体化するためにハマスの権力基盤強化を黙認するなどの措置もとったことがあり、2023年のハマスのテロの遠因になったとの批判もある。ネタニヤフはいったん下野したが、2022年12月に3回目の首相に返り咲いた。

以上が、ユダヤ人のシオニズムから始まった中東紛争の核心であるパレスチナ問題の、イスラエル側の経緯である。パレスチナ問題には19世紀からの長い歴史があるが、第2次世界大戦後に建設されたイスラエルは、最初から戦闘国家であり、建国以来の長い年月を、内外でのアラブ人との戦いに直接参加してきた指導者たちが主導してきた。紛争の原因がシオニズムとイスラエル建国にあるのは明らかだが、イスラエルは建国されてもう80年近くになり、ほとんどの国民はいまやイスラエル生まれだ。本来なら1948年の建国時の国連決議にある2国家解決しかなく、イスラエル側でもときにその方向に向かった時期もあったが、頓挫して現在に至っている。

パレスチナ側は東エルサレム帰属問題や難民帰還問題などを犠牲にしないかたちの2国家解決を切望しているが、イスラエル側は力で事実上の占領を継続する構えだ。この状況を動かせるのはイスラエル側だが、残念ながらその気配はない。

こうして流血の抗争はずっと続いてきた。2023年10月のガザ地区からのハマスの対イスラエル奇襲テロのようなことも発生しているが、イスラエルの強大な軍事力によるパレスチナ人への弾圧は続いている。ハマスのガザ奇襲テロに対するイスラエル軍の反応は明らかに過剰で、ガザ住民に対する大虐殺が進行中だ。

現在のガザの虐殺に至った背景には、複雑な事情がある。その経緯は終章で詳述したい。

第6章

パレスチナ・ゲリラたちの戦い

第5章で解説したように、中東の紛争の中心にはパレスチナ問題がある。シオニストがイスラエルを強引に作ったのが問題の発端だが、戦後の冷戦時代に世界的な注目を集めたのは、パレスチナ側の抵抗運動が盛んに行なったハイジャックなどのテロだった。イスラエルの強大な戦力に到底太刀打ちできないパレスチナ側が、弱者の戦術としてテロという手段を採用したわけだが、このパレスチナ側にも〝人間〟と〝組織〟の深く入り組んだ物語がある。

イスラエル建国前後のユダヤ人・アラブ人の衝突

まず、イスラエルが1948年に建国される前から、ユダヤ人の入植者はパレスチナに入ってきていた。彼らは不在地主などから土地を購入して、入植地を急速に拡大したが、その過程でもともと住んでいたアラブ人、つまりパレスチナ人との衝突は絶えなかった。ユダヤ人移民に向けた暴動事件は、イギリス委任統治が始まった1920年代からすでに起きていた。ユダヤ人移民の側も自警団を作って対抗した。

当時、パレスチナ人の間では、反英運動、反ユダヤ人移民運動、反アラブ人支配層運動などが融合し、小規模な抵抗グループがいくつもあった。しかし、そうした政治的なグループは、イギリス当局やイギリス当局が統治の実務で協力していたアラブ人の有力者に鎮圧された。イギリス当局がパレスチナ統治にあたって権限を与えていたのは、エルサレムの名家であるフセイン家の大ムフティ（イスラム指導者）とその一族だった。彼らにはライバルとなる名門一族があり、アラブ人の有力一族同士の抗争も激しかった。

1930年代半ば以降、欧州でのナチスによるユダヤ人迫害によってユダヤ人入植者が増えると、彼らを襲撃するグループが台頭してくる。その筆頭が、イッザディル・アル・カッサムが率いる「黒い手」という数百人の地下武装組織だったが、イギリス当局のパレスチナ警察に撃退され、アル・カッサムも殺害された。1936年にはパレスチナ人の一斉蜂起「アラブの反乱」が起こる。前出の大ムフティなど有力者が糾合して反英・反ユダヤ人の闘争を指揮した。アラブの反乱は1939年までに鎮圧されるが、多大な犠牲者が出た。

第2次世界大戦の終結後、ユダヤ人移民はますます増加し、パレスチナ人との衝突は急増していった。1947年に国連で分割決議が採択された頃からは、ユダヤ人の武装組織とパレスチナ人の武装組織は激しい戦闘に突入した。1948年のイスラエル建国の前後には、ユダヤ人の軍事組織「ハガナー」などの攻撃で、75万人ものパレスチナ人が追放され、難民化した。これが「ナクバ」(大惨事)と呼ばれ、パレスチナ人の悲劇を表す用語になった。

イスラエル建国後にイスラエルと戦った主勢力は、アラブ諸国だった。建国宣言の翌日に始まった第1次中東戦争では、エジプト、ヨルダン、シリア、レバノン、イラク、サウジアラビア、イエメンが参戦。1956年の第2次中東戦争(スエズ動乱)では、イスラエル・イギリス・フランスの連合軍とエジプトが交戦した。いずれもアラブ側が敗北した。

パレスチナ人の反イスラエル組織としては、第2次中東戦争の翌年の1957年に結成された「ファタハ」が最重要な組織となった。ファタハを創設した人物こそ、ヤセル・アラファトである。結局のところ、パレスチナ・ゲリラの闘争をその後も主導したのは、アラファトだった。闘争の過程でアラファトをライバル視する何人ものキーマンが登場し、各自のゲリラ組織を使って活動はしたが、どれもパレスチナ人の運命に決定的な影響は与えていない。冷戦時代からポスト冷戦の1990年代まで、パレスチナ・ゲリラの闘争は常にアラファトと、彼が率いるファタハを中心に動いていた。

パレスチナ闘争の中心人物アラファト

アラファトは1929年、エジプト・カイロ在住のパレスチナ人の家庭で生まれた。父親はガザ出身だった。幼少期にエルサレムで4年間過ごしたが、その後はカイロで育った。イスラエル建国直後の第1次中東戦争時は18歳の大学生だったが、モスレム同胞団ルートでアラブ軍に加わり、参戦した。アラブ軍の敗北後はカイロに戻り、22歳から26歳まで、在エジプトのパレスチナ人学生組織「パレスチナ学生同盟」の議長を務め、青年組織のリーダーとして頭角を現した。第2次中東戦争の後、学生活動家の仲間たちとクウェートに移住し、現地で小さな建設会社を経営しつつ、パレスチナ解放運動を模索した。まもなくそこで独自の組織「ファタハ」を結成した。アラファトと仲間たちはその後、ファタハの拠点をクウェートからシリアに移した。60年代に入り、ファタハは武闘派グループとして拡大した。もっとも、当時、アラファトはシリア国防相だったハーフェズ・アサドの命令で逮捕・拘留されたことがある。その後も続くアラファトとアサドの不仲の原点になった。

当時のファタハ以外のパレスチナ抵抗組織は、それぞれ協力関係にあったアラブ諸国の権力層の強い管理を受けていたが、アラファトはそれを避け、主に湾岸諸国などに住むパレスチナ人たちから活動資金を集めた。1967年の第3次中東戦争がイスラエルの圧勝で終結した時、それまでアラブ各国のスポンサーの紐付きで活動してきたグループの求心力が落ち、逆にファタハの存在感が高まった。同年、エジプトのナセル大統領がアラファトをパレスチナ抵抗運動の指導者と認めたことから、彼の支持者は急増。アラファトはすでに3年前にエジプトの支援で創設されていた「パレスチナ解放機構」(PLO)に加入し、幹部となった。

その後、PLOの一画を占めたファタハは、アラファトの指揮下で主にヨルダンを拠点に、反イスラエル闘争に乗り出していった。アラファトの知名度はさらに上がり、彼の下にはパレスチナ人の志願兵が集まった。1969年、アラファトはPLOの3代目の議長に就任した。

1970年、PLO内の別の有力組織である「パレスチナ解放人民戦線」(PFLP)が複数の航空機の同時ハイジャックを敢行。ヨルダンの空港に着陸させて爆破した。PFLPは共産主義者で医師のジョルジュ・ハバシュが1967年に創設した極左組織で、1968年にイスラエルのエル・アル航空機を乗っ取るなど、パレスチナ・ゲリラとして初めてハイジャック戦術を実行したグループだった(なお、ハイジャック自体はすでに世界中の極左テロ組織が実行済み)。

こうしてPLOは国際的にも注目を集める組織になっていったが、ヨルダン国内でPLOの勢力が台頭して独自の支配地域を構え、大規模な軍事行動をするようになったことで、ヨルダン政府はPLOを危険視するようになる。ヨルダン政府はPLOに対する弾圧を開始。両陣営は戦闘状態に突入した。

アラファトとPLO主力部隊は追い詰められ、1971年にレバノンに逃亡した。レバノンは中央政府の力が弱かったため、PLOはレバノン内に拠点を確保した。そしてちょうどその頃、PLO各派は軍事作戦ではないイスラエルの民間部門を狙うテロを競うように実行していった。1970年前後は、欧州を中心に世界各地で極左テロが吹き荒れた時代だった。

パレスチナ・ゲリラもその影響を直接受けたと言ってよかった。

KGBや各国の極左の支援を受けたパレスチナの極左テロ

なかでも国際テロを主導した2つのグループがあった。「黒い九月」と「PFLPハダド派」（PFLP対外作戦派）である。当時、PLOの各グループはそれぞれテロを含む軍事作戦を実行していたが、軍事目標でない民間人・民間施設を狙う犯罪度の高いテロは、この2グループが突出していた。

「黒い九月」はファタハ内のテロ専門グループだが、常設の組織というよりも、過激な一派が国際テロを行なう際に使用した名称、といった性格が強い。1971年にPLOを弾圧したヨルダンの首相を暗殺したり、1972年にベルギーの旅客機をハイジャックしたり、ミュンヘン五輪の選手村を襲撃してイスラエル選手団を殺害したりするなどした。

他方、PFLPハダド派は、PFLPのハバシュ議長の医師仲間で同組織の創設メンバーでもあったワディ・ハダドが率いたテロ組織だ。ハダドはもともとPFLP軍事部門司令官で、数々のハイジャックを指揮したが、PFLP司令部の指示を守らずにテロに邁進《まいしん》したため、1973年にPFLPから分派してPFLP対外作戦派と名乗った。

ハダドはまだPFLP軍事司令官だった頃から、PFLPのテロを指揮していた。前述したようなハイジャックに加え、1972年には日本赤軍のテロリスト3人を使って、テルアビブ空港乱射事件を起こした。

PFLPは極左組織だったため、革命の〝同志〟である海外の極左テロリストと接触があった。海外のほとんどの極左テロリストは本国の治安当局に追跡されて地下に潜って活動していたが、PFLPはレバノン東部のベッカー高原に独自の軍事キャンプを堂々と確保していたため、海外の極左テロリストたちが戦闘訓練のために集まってきていた。そんな中に日本赤軍や西ドイツ赤軍もいた。令和の現代からみると理解しがたいが、当時の極左テロリストは先進国社会の階級闘争と途上国の民族解放闘争を連動させる世界同時革命／国際根拠地論などということを論じていて、PFLPのベッカー高原の拠点にやって来ていた。

PFLP側もそんな極左テロ志願者を受け入れた。彼らに軍事訓練を施し、テロ作戦を指令したのだ。アラブ人よりも西側先進国のパスポートを持つ人間のほうが、海外での移動時に当局に警戒されないということでの、彼らのテロ作戦投入だった。前述した日本赤軍のテルアビブ空港乱射事件などは、その典型的な例だ。

中東での流血の抗争では多くの場合、原因は宗教的な過激思想や独裁権力者の思惑だったりするのだが、この時期は世界的な極左思想とのシンクロが作用していたという珍しいパターンだった。

もっとも、そこにはソ連による裏の工作もあった。当時、世界の極左テロはしばしばソ連の工作機関「KGB」に工作され、利用されたのだ。PFLPもその一つで、特にハダド自身がKGBの工作下にあった。ソ連崩壊時に持ち出されたKGB内部資料を基に出版された『ミトロヒン文書』によると、ハダドは1970年にKGBの正規のエージェントとして採用された。コードネームは「ナショナリスト」である。KGBはハダドに武器や資金を提供し、その活動を支援したとある。

同じく1970年にはベネズエラ人の極左青年もPFLPに接触し、レバノンで軍事訓練を受けた。後に国際テロリスト「カルロス・ザ・ジャッカル」として有名になるイリッチ・ラミレス・サンチェスである。もともとキューバで訓練を受け、後にソ連に渡った極左活動家だった。ただし『ミトロヒン文書』によると、彼はKGB工作員ではない。

ハダド派は1973年にPFLPを脱退した頃から、さらに海外でのテロを活発化させたが、いくつもの作戦がカルロスの指揮で行なわれた。たとえば1974年に日本赤軍がオランダ・ハーグのフランス大使館を襲撃した事件、あるいは1975年のパリ・オルリー空港襲撃やウィーンでのOPEC本部襲撃などである。つまりKGBの工作員であるパレスチナ・ゲリラが国際テロを首謀し、その下で外国人極左テロリストが作戦を立て、ときにその末端で日本赤軍のような外国人過激派が実行役に選ばれたという構図である。いうならば、日本赤軍は自分たち自身では気づかないまま、KGBの破壊工作の末端で利用されたというわけだ。

もっとも、そのKGB工作員だったパレスチナ・ゲリラのワディ・ハダドは1978年に死亡。前出『ミトロヒン文書』によると、それでKGBの直接のパレスチナ・ゲリラ工作ルートは切れたという。なお、同書によれば、KGBとアラファトの関係は緊密ではなかったようだ。ときに接触はあり、互いに互いを利用し合うことが多少はあったが、互いを信用していなかったということである。

PLOは穏健路線に転換し、過激派組織はアラブ諸国の支援で活動を続ける

こうして1970年代前期にPLO各派はテロを行なったが、その犯罪度から国際的な非難を浴びるようになる。アラファトは1973年、ファタハの「黒い九月」を解散し、PLO各派にイスラエルとその占領地以外でのテロを禁止した。それ以後の前述したハダド派のテロは、彼らがPFLPを離脱した後のテロということになる。

1974年、PLOはパレスチナ人の唯一の合法的代表としてアラブ連盟に正式加盟し、アラファトは国連総会で演説する機会を得た。結果的にみると、PLOは国際テロで世界的に注目されて影響力を高め、テロ抑制を宣言したことで国際社会に認められたとも言える。

その後、PLOはテロ組織ではなく、正規の準国家的な組織として外交の舞台で扱われるようになった。アラファトもテロリスト扱いではなく、政治組織の指導者という扱いを受けるようになっていった。

もっとも、パレスチナ・ゲリラにはアラファトが統制できないグループも多かった。政治

的な存在感としてはアラファトが圧倒的だったが、アラファトをライバル視する小ボスのようなパレスチナ・ゲリラ司令官は多かった。そのうち70年代のPLOに加わっていたのは、前出のPFLPのジョルジュ・ハバシュ、PFLP分派の「パレスチナ解放民主戦線」(DFLP)のナイエフ・ハワトメ、同じくPFLP分派で実質的にはシリア工作機関の指揮下にあった「パレスチナ解放人民戦線総司令部派」(PFLP-GC：1984年にPLO除名)のアハマド・ジブリル、アラブ社会主義の「パレスチナ解放戦線」(PLF)のアブ・アッバス(本名はムハマド・ザイダン)、イラク・バース党の事実上の下部組織「アラブ解放戦線」(ALF)のザイド・ハイダル、シリア・バース党の下部組織「サイカ」のズヘイル・モフセンらがいた。

また、PLO外の有力組織にも1974年にPLO(ファタハ)から追放された「アブ・ニダル派」(ANO／正式名称「ファタハ革命評議会」)のアブ・ニダル(本名サブリ・バンナ)や、1983年にファタハから分派した「アブ・ムーサ派」(別名「ファタハ蜂起派」)のアブ・ムーサ(本名サイード・ムラガ)などがいた。

このうち、テロ行為が突出していたのはアブ・ニダル派である。アブ・ニダルはパレスチナ出身だが、カイロ大学留学後に23歳でサウジアラビアに移住した。技師として生活しつつ、独自のパレスチナ人組織を作る。だが、1967年にサウジを追放され、ファタハに加わった。30歳のときだ。

彼はヨルダンで企業活動によるファタハの資金調達を担当し、その功績から幹部となる。アラファトによってイラクのファタハ代表に任命されるが、やがて独自にテロを行なうようになった。1973年には在仏サウジアラビア大使館を襲撃し、人質の身代金で大金を得る。アラブ有力国を敵に回すようなテロをアラファトは禁ずるが、アブ・ニダルはテロを続けた。1974年にPLOを除名されるが、その後もバグダッドを拠点に怒濤のテロを続けた。アブ・ニダル派は基本的にはイラク工作機関と連携していたが、単なる手駒というよりは、イラクと協力関係にある犯罪組織といった性格のグループだった。さまざまな種類のテロを行なったが、その多くは金銭目的だった。

このアブ・ニダル派のように、アラファトのファタハ以外のパレスチナ・ゲリラには、いずれかのアラブ圏の独裁国が後ろ盾になっていることが多かった。PFLP、DFLP、PFLP-GC、サイカ、アブ・ムーサ派などはシリアのアサド政権の工作下にあり、ALFやANOの背後にはイラクのサダム・フセイン政権がいた。各派は対イスラエルというだけでなく、しばしば後ろ盾の独裁政権の思惑でも動かされた。とくにシリアのアサド大統領とイラクのサダム・フセイン大統領は犬猿の仲で、パレスチナ・ゲリラも親シリア派と親イラク派は対立した。

以上のように、70年代から80年代にかけてのパレスチナ・ゲリラは、単なる対イスラエル闘争ということだけでなく、ソ連KGBや国際的極左テロ人脈、アラブ圏の独裁国の工作機関などと複雑にネットワークが絡み合うという独特の世界を作っていた。

ともあれ、アラファト率いるファタハ主流派を中心とするPLOは、1971年にヨルダンを追われて以降、レバノンに拠点を築き、活動を拡大していた。しかし、レバノンは1975年に宗派抗争から内戦状態になる。そして1982年、イスラエル軍がレバノンに侵攻し、PLOはレバノンからチュニジアに本部を移動した。その後もレバノン内のパレスチナ難民キャンプを中心に、PLO主流派狩りは続いた。当時、アラファト派を攻撃したのは、駐留イスラエル軍と連携するキリスト教マロン派の極右民兵だけでなく、レバノンのシーア派民兵と、それに親シリア派のパレスチナ・ゲリラであるPFLP‐GC、サイカ、アブ・ムーサ派もだった。当然、アサド政権の意向だった。

反イスラエル闘争の主役はPLOからハマスへ

80年代中期以降、パレスチナ・ゲリラは大きく3つに分かれた。チュニジアを拠点とするPLO主流派、親シリア派、親イラク派である。ただし、いずれも退潮にあった。PLO主流派はアラファトが世界中を飛び回り、支援を求める外交攻勢を続けたが、資金難は明らかだった。親シリア派と親イラク派はいずれも小グループに過ぎず、中には犯罪的テロに手を染めるグループもあった。

また、この80年代中期以降は、世界の共産圏も退潮にあり、中東への関与自体が小さくなった。その隙《すき》に、リビアのカダフィ政権がパレスチナ・ゲリラや海外の極左テロ組織を支援するようなこともあったが、全体的には状況は落ち着いていった。

決定的だったのは、1990年8月にイラク軍がクウェートに侵攻して湾岸危機が始まった時、アラファトがサダム・フセインを支持したことだ。PLOの最大の支援国であるサウジアラビアはじめ湾岸諸国は激怒し、PLOは窮地に陥った。パレスチナでは第1次インティファーダで、ハマスを支持する人々が増えていた。

アラファトは穏健路線に転じ、ちょうどイスラエルで融和派のシモン・ペレスやイツハク・ラビンが政権を担当していたこともあり、1993年にオスロ合意が結ばれる。制限付きながら暫定自治が認められ、1994年にPLOが主導するパレスチナ自治政府（PA）が作られ、アラファトはついにパレスチナに凱旋。PLO議長と兼任でPA議長になった。

しかし、双方の主張の相違はなかなか埋まらず、その後の2国家解決への交渉はなかなか進まなかった。2000年、イスラエル側の挑発行為をきっかけに第2次インティファーダが勃発。抵抗運動の主役はハマスだったが、ファタハからも強硬化が「アル・アクサ殉教者《じゅんきょう》旅団」と名乗り、ハマスに倣って自爆テロを多用するなどの激しい戦いをみせた。

ただし、PA指導部、すなわちPLO指導部・ファタハ指導部はアラファトが高齢化したこともあって、確固たる行動ができなかった。海外からの援助をめぐって汚職が蔓延し、指導部に腐敗が進んだ。2004年、アラファトが死亡し、マフムード・アッバスが第2代P

A議長に就任したが、指導力不足は明らかだった。2006年のパレスチナ総選挙でハマスが第1党になったのをきっかけにハマスとファタハは決裂し、後にハマスがガザ地区を支配し、PAはヨルダン川西岸地区の暫定自治地域を統治するという棲《す》み分けが定着した。

2000年代後半以降、イスラエルとの闘争の主役はすっかりハマスに移っており、60年代後半から反イスラエル闘争を主導してきたPLOは、もはやすっかり精彩を欠く状況になった。ただし、それで平和になったわけではなく、パレスチナ闘争はより激しい作戦をとるハマスが主導し、そこにヒズボラやイラン工作機関が連携するという新たな脅威が生まれた。

ひとりだけ、ファタハにパレスチナ人たちの期待を集める人物がいる。ファタハの戦闘部隊「タンジム」の司令官だったマルワン・バルグーティという男だ。

バルグーティは1959年、パレスチナ生まれ。15歳でファタハの戦闘員になった。その後、イスラエル軍に逮捕されて18歳から22歳まで収監されたが、釈放後、大学院まで進んだ。1987年の第1次インティファーダではファタハのヨルダン川西岸地区のリーダーの一人となるが、イスラエルによって国外追放となり、ヨルダンで政治活動をした。PAが創設された1994年に帰国し、ファタハの西岸地区リーダーとなる。1995年にファタハ内の武装組織「タンジム」を創設し、司令官となった。

同時に1996年には政治活動も強化。パレスチナ国家樹立を掲げてパレスチナ立法評議会議員となるが、PA内ではびこる汚職構造を批判し、パレスチナ住民たちから人気を集めた。

2000年の第2次インティファーダではファタハの活動の中心人物となったが、2002年、イスラエル軍に逮捕される。その後、ずっと囚われの身である。獄中から政治活動を続けているが、根強い支持者も多く、彼の復帰を希望する声は多い。

もっとも、イスラエル当局は彼の指導力・求心力を警戒しており、彼の釈放を認める兆候はない。パレスチナ解放闘争の歴史において、ヤセル・アラファトの存在が決定的に大きかったように、革命運動は指導者個人のカリスマ性にも大きく左右されるのだ。

第7章 イラン革命とホメイニの暗殺部隊

イスラム過激派のテロが世界的に衝撃を与えたサダト暗殺事件の約1年半前、中東地域の政治状況を根底から揺るがす〝イスラム勢力の台頭〟が起きていた。1979年1月、地域大国イランの親米のパーレビ政権が打倒され、同年4月にイスラム共和国が成立したのである。サダト暗殺はエジプトのスンニ派過激派である「ジハード団」によるものだったが、こちらはシーア派のイランである。80年代の中東のイスラム過激派は、スンニ派とシーア派の両方の過激派がいっきに成長した時期になったのだ。

イラン革命政権が「革命の輸出」を唱える

イランのイスラム政権誕生は衝撃的な出来事だった。特に新政権の最高指導者ルホラ・ホメイニが〝革命の輸出〟を提唱し、すべてのイスラム教徒に蜂起を促したことは、危険なテロリズムのまさに萌芽になったといえる。

イランの革命も当初は、ホメイニと連携しつつフランスで反パーレビ政治活動をしていた経済学者のアボルハッサン・バニサドルなどの留学生活動家出身者の発言力も強かった。バニサドルはホメイニとともにイランに帰国し、初代の大統領に就任。当初は穏健な路線を模索した。イランの革命はホメイニを最高指導者として成功したが、革命を成しとげたのは民族主義組織や社会主義組織、クルド人組織やアゼルバイジャン人組織など幅広い勢力の抵抗運動が結集したからだった。必ずしもイスラム勢力だけの力ではなかったのだ。

しかし、革命勢力の中で、ホメイニをイスラム指導者として押し立てた宗教保守派の聖職者グループ「イスラム共和党」が、急速に他派を放逐して権力を独占していった。たとえばイスラム保守派勢力の尖兵である約500人の学生グループ「ホメイニ師の路線に従うモスレム学生」が、1979年11月、在イラン米国大使館を占拠し、大使館員多数を人質にして立て籠るという事件を起こした。革命で失脚した元国王が病気治療のためニューヨークを訪問したことへの抗議だったが、これをイスラム共和党はそのまま黙認したばかりか、むしろ擁護する構えさえとった。

この事件は、直後のソ連軍アフガン侵攻などもあり、直接は「アメリカ対イスラム」という対立軸には結びつかなかったが、過激なイスラム主義者の危険性を国際社会に強烈に見せつけた結果になった。バニサドルらは米国との交渉を模索するが、それもイランのイスラム保守派から批判された。

なお、この大使館人質事件はその後、1980年4月の米軍特殊部隊による救出作戦失敗を経て膠着《こうちゃく》状態に入り、事件発生から444日後となる1981年1月にようやく決着をみたが、占拠学生たちはそのままイスラム政権に迎え入れられた。ホメイニ信奉者による私兵集団「イスラム革命防衛隊」に入る者もいたし、後に内相となるアリ・ベシャラチや初の女性副大統領となるマスメー・エブテカールなど、多くが権力中枢で出世の階段を順調に上っていった。また、後にレバノンのヒズボラ創設に暗躍したマジド・カメルなど何人かは、主に〝代理大使〟の肩書で中東各国に派遣され、〝革命の輸出〟工作に携わった。

イラン国内ではこうした反米気運を利用して、イスラム共和党が独裁色を強めていった。彼らは自らに有利な憲法制定を強行し、革命防衛隊を使って他派を権力中枢から排除していった。その旗振り役となったのが、イスラム共和党初代書記長のムハマド・フセイニ・ベヘシティと、専門家会議議長のフセイン・アリ・モンタゼリである。特にイスラム社会主義を標榜する組織「ムジャヒディン・ハルク」(イスラム人民戦士機構)との抗争は、互いに数千人規模の死者を出すまでにエスカレートしたが、結局は、イスラム共和党側が革命防衛隊の力でムジャヒディン・ハルク側を壊滅させた。ただし、この抗争では、イスラム共和党側もベヘシティ書記長が爆殺されている。イラン革命はまず、国内で流血の権力抗争の嵐が吹き荒れたのだ。

なお、そうしたイスラム共和党による他派粛清・暗殺の気運が高まった1981年、バニサドル大統領は議会で弾劾《だんがい》されて罷免《ひめん》される。そのまま暗殺される危険があったため、翌月、密かにフランスに逃亡し、その後は国外からイラン政権への批判活動を続けた。

最高指導者ホメイニの門下生が中東各国で工作活動へ

ホメイニの思想の原点は、シーア派の教義に連なる政教一致の考え方である。宗教指導者が政治の中心であるべきというその考えは、聖職者は政治的に戦うべしということでもある。

ホメイニが〝戦う聖職者〟としてイラン社会で名を知られるようになったのは60歳の頃で、

60年代はじめのことだった。歯に衣着せぬ政権批判を展開したため、繰り返し投獄されるなどの弾圧を受けたが、そのたびに彼の口調は激しさを増し、ついには激烈な殉教精神を煽動するまでになっていったのである。

60年代、ホメイニは反国王運動の象徴的人物として国民に広く認知されるようになった。ところが、彼の逮捕をきっかけに反政府デモが起こるようになると、イラン政府は1964年10月、彼を国外に追放してしまう。ホメイニはトルコに1年間滞在した後、シーア派神学の総本山でもあるイラクの聖地ナジャフに入り、そこで亡命生活を送るようになった。

1965年から1979年にいたるナジャフ亡命時代、ホメイニは最高位聖職者のムシン・ハキムや、イスラム組織「ダワ党」を創設したムハマド・バクル・サドル（1980年4月にサダム・フセイン政権により処刑される）など、シーア派神学最高峰の導師たちの知遇を得たうえ、とくに1970年からは自身の講座を開設して、各地からやって来た神学生たちを弟子としていった。

そのときの門下生には、イスラム革命後のイランで過激聖職者を率いたベヘシティやモンタゼリ、さらにはムハマド・バクル・ハキム（ムシン・ハキムの息子。後に「ダワ党」党首兼イラクの親イラン組織「イラク・イスラム革命最高評議会」議長などを歴任）、ムサ・サドル（ムハマド・バクル・サドルの従兄弟。1975年にレバノンでシーア派組織「アマル」を創設）、ムハマド・フセイン・ファドララ（後に「ヒズボラ」宗教指導者）、アッバス・ムサウィ（後に「ヒズボラ」事務局長）らがいた。つまり結果的に、このホメイニの国外追放がその後のシーア派過激派ネットワークの基礎を作ったと言える。なお、後に「ヒズボラ」事務局長を長く続け、2024年9月にイスラエル軍のレバノン空爆で殺害されるハッサン・ナスララは、ホメイニがイラン帰国を果たした後の門下生である。

さて、こうした〝ホメイニ学校〟の人脈は、イスラム政権発足後、〝革命の輸出〟ルートとしてさっそく動き出した。最も力が入れられたのは、レバノンのシーア派を組織化することで、そのため前出したような面々が送り込まれたが、他にも、ペルシャ湾岸地域などに革命の指導役が送られた。レバノンのアマル、イラクのダワ党、サウジアラビアの「アラビア半島イスラム革命機構」、バーレーンの「バーレーン解放イスラム戦線」といった組織がこうして続々と結成された。このうち組織として根付いたのは、レバノンのアマルとイラクのダワ党であった。

当時のイラン側の〝革命の輸出〟指揮システムについては、以下のように推定できる。

まず、作戦司令部として機能したのが、イスラム共和党が牛耳っていた「イスラム宣伝局」という組織で、ホメイニが本拠地としたイランの聖地コムの聖職者集団が指導した。中心的人物はベヘシティとモンタゼリ、それに後に国会議長となるメフディ・キャラビ、内相となるアリ・アクバル・モフタシャミらだった。

イスラム宣伝局は、対外工作の母体として「世界イスラム革命運動機構」を創設。前述したような海外の組織をそこで統括した。資金については、革命時の混乱に乗じて旧支配層の資産を接収して作られた「ムスタファザン財団」らが供出した。同財団は、革命防衛隊やその傘下の民兵組織「人民義勇軍」（バシージ・ムスタファザン）の創設資金を出した〝イスラム共和党の金蔵〟であった。

もっとも、それらの工作はまだ大きな成果とはいえなかった。それよりも初期のイスラム宣伝局と革命防衛隊の工作で圧倒的な結果を生んだのは、レバノンでヒズボラを創設したことだ。

レバノンはもともと国内でキリスト教徒、スンニ派、シーア派の3宗派が勢力を拮抗させており、そこにドルーズ派などの宗派も根を張っている宗教モザイク国家である。したがって、イランと宗派的に繋がるレバノンのシーア派を親イランで強化すれば、ホメイニが掲げる〝革命の輸出〟に近づける。レバノンには前述したアマルというシーア派組織が先行して存在していたが、よりイランと直接コミットした勢力を作ってしまおうと当時のイラン上層部は考えた。そこで作ったのがヒズボラだ。

ヒズボラの結成は、公式にはもっと後だが、実質的には1982年末である。その夏のイスラエル軍によるレバノン侵攻に対抗して、ベッカー高原に送り込まれたイラン革命防衛隊の約3000人の遠征部隊が、その傘下に現地のシーア派民兵を結集したのが最初である。その工作にあたったのは、イランのイスラム共和党中枢だったが、その責任者をアリ・アクバル・モフタシャミが務め、さらに元アメリカ大使館占拠学生のマジド・カメルや、モンタゼリ専門家会議議長の息子ムハマド・モンタゼリらが関わっていたようだ。

ところで、このときレバノンでのイラン工作で創設されたヒズボラに集まったのは、「ダワ党レバノン支部」など少なくとも13の組織とみられる。だが、その実態はどうやら各地域ごとの有力者グループだったようで、そのため初期のヒズボラは私兵連合の一面があった。なかでも最も戦闘力があるのが、後のヒズボラ軍事部門司令官となるフセイン・ムサウィが率いた「イスラミック・アマル」だった。ホメイニ門下生ムサ・サドルが1975年に創設したシーア派民兵組織「アマル」から、後にイスラム強硬派勢力が排除されたときにベッカー高原を拠点に分派した組織である。

また、ヒズボラ指導層には、前出のムハマド・フセイン・ファドララ、フセイン・ムサウィ、ハッサン・ナスララ等、ホメイニ門下生たちがズラリと並んだ。ゲリラ組織としてのヒズボラは、その武力をほぼ全面的にイランからの支援に頼っており、イラン保守派とのパイプの太い人間が指導部を形成するという図式は現在も続いている。とくに軍事部門は革命防衛隊とは師弟のような関係性である。ヒズボラという名称を公式に名乗る前、ヒズボラは部内の各派がそれぞれテロ活動を盛んに行なったが、活発な活動をしたグループの大多数は、革命防衛隊の傘下組織のようなものだった。

このように、イランのイスラム保守勢力が背後で糸を引くヒズボラは、当初から黒幕の意向に沿って動くことを求められたといえる。そのため、ホメイニ崇拝の思想操作が徹底して行なわれ、兵士たちには殉教の精神が叩き込まれた。自爆テロという発想は、こうして誕生した。イスラム過激派史上、自爆攻撃という彼らにとっての究極の殉教行為を〝組織化〟した最初の武装集団がヒズボラだろう。

「殉教の論理」でイスラム過激派テロは新たな時代へ

シーア派イスラム過激派の殉教思想による自爆攻撃がすさまじい〝戦果〟を上げたのは、1983年10月のことだった。ベイルート駐留中のアメリカ海兵隊兵舎とフランス軍司令部にヒズボラ兵士の運転するトラック爆弾が突入し、297人もの犠牲者を出す大惨事を引き起こしたのだ。イラン政府やその息のかかる各国のシーア派イスラム主義者たちは、こぞってこれを聖なる殉教行為と称《たた》えた。アラブの地に〝侵略〟した異教徒軍にこれだけの被害を与えた自爆攻撃という手法は、その後、ヒズボラ内部で華々しく宣伝・奨励され、多くの特攻予備軍を生み出していった。この事件はまさに、イスラム過激派テロの転換点と言っていい事件だった。

他方、同じ頃、イラン・イラク戦争が凄まじい攻防を繰り返していた。イラン西部の戦場では、革命防衛隊の兵士たちが、近代兵器で迫り来るイラク軍に捨て身の人海戦術を仕掛け、自らの屍の山を築きながら押し返しつつあった。「神は偉大なり」と叫んで死んでいった彼らも、やはり殉教者と呼ばれた。結局のところ、イラン中心の殉教の論理は、〝ホメイニのための殉教〟ということであり、そこから発展したシーア派テロリズムも、現実には〝イラン聖職者政権のためのテロリズム〟に過ぎなかった。サダト暗殺を引き起こしたスンニ派のテロが狂信的な〝抵抗の意志〟に基づくものだったとすれば、シーア派テロリズムは事実上、〝権力の教唆・誘導〟が働いているということで、システム的に両者はかなり異質なものとみることができる。

イスラム革命後のイランにとって、テロはもはや日常的な政策の手段だった。テヘランからは無数の暗殺命令が発せられ、世界中に刺客が放たれたが、なかでも〝ホメイニのテロ命令〟が国際社会に大きな衝撃を与えたのが、いわゆるラシュディ事件である。著書『悪魔の詩』で神を冒瀆《ぼうとく》した表現を使用したとして、著者のインド系英国人作家サルマン・ラシュディに対し、1989年2月にホメイニが死刑宣告のファトワ（イスラム法判断）を発布したのだ。

独裁国家に言論の自由がないのはよくあることだとしても、国外の表現者に対して死刑宣告＝テロ命令を下すなど、まさに前代未聞の暴挙だといっていい。このため、以後、ラシュディは地下潜伏を余儀なくされ、あまりに掟破りなホメイニのやり方に、欧米をはじめ世界中の非イスラム社会から一斉に反発の声が上がった。

標的はラシュディ本人だけではなかった。ノルウェーでは、この本を出版しようとした出版社社長が襲撃されて重傷を負い、日本では1991年7月に翻訳者の筑波大学助教授が惨殺されている。これがはたしてホメイニの放った暗殺者の手によるものなのかどうか、真相はいまだに明らかでないが、他に動機もないことから、可能性としてはきわめて高いと考えざるをえないだろう。

なお、1994年2月、イランのイスラム財団「15ホルタド基金」は、ラシュディ殺害に200万ドルの賞金をかけたことを発表、1997年2月にはそれを250万ドルに引き上げている。2001年6月になってようやくハタミ大統領が「ラシュディ事件は終わった」と発言し、イラン政府として事件の終結を表明した。しかし、イスラムのファトワは宣言した本人しか撤回の権利がないため、イスラム法上はまだ生きている。賞金も取り下げられたわけではない。

2022年8月12日、米国のニューヨーク州シャトークワの教育施設で開催されたイベントで講演しようとしていたラシュディが、若い男からナイフでめった刺しされるという事件が発生した。ラシュディは一命を取り留めたものの、片眼失明と片腕麻痺の重傷を負った。犯人はニュージャージー在住のレバノン系2世の24歳の男で、イランの革命防衛隊の支持者だった。ただ、この犯行がイランと直接関係があるとの形跡はない。

1990年前後にピークを迎えたイランの過激派テロ

ところで、イランはイスラム革命以降、一貫して国外で活動する反体制派の暗殺を続けてきた。強硬なホメイニ路線が徹底していた80年代中旬までがその最盛期かというと、現実はその逆で、ホメイニの指導力が低下したその晩年時代、具体的には1988年から急速に増え、1993年あたりまでがそのピークだった。

暗殺の主舞台となったのは、亡命者たちの本拠地であるパリだが、他にもベルリン、ウィーン、ドバイ、ラルナカ（キプロス）、イスタンブール、ローマなど、少なくとも20カ国以上で350人以上が殺害された。これらはほぼ間違いなくイラン政府中枢が仕組んだテロだ。90年代のテロの仕組みについて、後述する「ミコノス事件」裁判や欧米メディアなどの情報で判明してきたことは、ほぼ以下のようなものだ。

①テロ作戦の決定については、ごく少数の権力中枢が構成する最高安全保障評議会が行なう。

②作戦実行については、大統領府情報部が作戦司令本部となり、情報省の情報部「SAVAMA」と、革命防衛隊の工作機関「コッズ部隊」が実行者となる。

③外務省（外交郵袋による武器輸送と要員への外交官身分付与）、国防省（武器調達と後方支援）、郵政通信省（通信と情報収集）は側面から協力。各国のイラン大使館が全面的

に支援する。

要するに、まさに国家を挙げてのテロ大作戦というわけである。

反体制派の暗殺は独裁体制の恐怖支配の手法であり、イスラム過激派テロとは意味合いが違うのだが、イスラム主義の独裁国家が、前述したようなテロ・システムのもとにどのような〝犯罪〟を実際に引き起こしてきたのか、具体例を2つ挙げよう。

1つは、要人暗殺の例である。1991年8月、王制時代の最後の首相シャープル・バクチアルが、パリ郊外の自宅で暗殺された。実行犯は3人で、1人がすぐに逮捕されたが、残る2人はスイスに逃走。ベルンのイラン大使館員の保護を受けたことが確認された。

フランス捜査当局の追跡により、後に在仏イラン大使館員とラジオ特派員が犯行に関与したとして逮捕される。裁判の途中で、重要証人の息子が暗殺されるなどの妨害も発生したが、1994年12月の判決では、大使館員に無罪、ラジオ特派員に禁固10年、実行犯のイラン人1人に終身刑が下された。暗殺を指揮したのが、イラン情報部のイスタンブール支局だったことが、裁判の過程で明らかにされている。

なお、バクチアルはイラン宗教裁判所で死刑判決を受けた1979年にフランスに亡命。1980年にパリで一度暗殺未遂に遭っている。そのときはPLOの傭兵4人を指揮して実行にあたったイラン工作員が逮捕され、1982年に終身刑の判決を受けた。ところが、彼は1990年にレバノンでヒズボラが誘拐したフランス人人質との交換で釈放され、そのままイランに帰国。英雄として迎え入れられている。

さて、もう1つは、ドイツでの裁判が大きな国際ニュースともなった、いわゆる「ミコノス事件」である。1992年9月、ベルリンで開催中の社会主義国際大会に出席していたイランの反体制クルド人組織「イラン・クルド民主党」の代表者3人と通訳1人が、レストラン「ミコノス」で会食中に殺害された。ドイツ捜査当局に、首謀者としてイラン人食品雑貨商（イラン情報部員）と、実行犯としてレバノン人4人（ヒズボラ兵士）が逮捕され、その裁判が1993年5月からベルリン地裁で開始された。

なお、他にも少なくともイラン情報部員3人の関与が確認されたが、いずれもイランに逃亡。うち1人については、成功報酬としてイラン政府からベンツを与えられていたことが判明している。

この裁判がいちやく国際的な注目を集めるようになったのは、1996年3月、ドイツ検察庁がテロ教唆容疑者として、イランのアリ・ファラヒヤン情報相に逮捕状を発行したからだ。同年8月には、バニサドル元大統領が証人として出廷し、独自の情報網から得た情報として、「イランの権力中枢には、アリ・ホセイン・ハメネイ最高指導者、アクバル・ハシェミ・ラフサンジャニ大統領、ファラヒヤン情報相、アリ・ベラヤチ外相（以上、いずれも当時）らで構成する秘密会議があり、テロ作戦はそこで決定され、指令される」と証言した。

1997年4月、ベルリン地裁は、レバノン人1人を無罪とした以外、残る4人に有罪判決を言い渡した。この判決文では、イラン政府中枢の関与が断定されたのだが、これによりイランとEU諸国は大使召還合戦で一時的に外交断絶状態となった。

湾岸戦争後、イランのテロ・ネットワークは中東全域に拡大

〝革命の輸出〟と呼ばれたイランの海外シーア派浸透工作は、国内権力抗争が一段落した1982年より本格化した。この時期、とくにその努力が結実したのが、前述したようなヒズボラの創設である。

そして、イランの海外工作は1985年から1986年にひとつのピークを迎えるが、その後、80年代後半に入って一時的に後退する。ヒズボラなどへの支援も若干縮小されるが、それは海外支援ネットワークの消滅を意味したわけではない。この時期でも、キャラビ国家議長やモフタシャミ内相を中心とするイスラム保守派がリードして、テロ・サミットとでも呼ぶべき、世界中からイスラム過激派組織を集めた国際会議が不定期に開催された。

こうした国際支援ネットワーク拡大のひとつの新たな傾向が、それまでのシーア派オンリーから、スンニ派組織へも門戸を開くようになったことだろう。とくに、1990年8月の湾岸危機勃発で、従来のイスラム・テロ・ネットワークの構造が激変してしまったことが、それを決定づけた。1990年前後の数年間というのは、もちろん冷戦崩壊という世界的規

模の転換点だったわけだが、国際テロのネットワークもその根本から解体していった大変動の時期だった。それまでの国際テロの黒幕的存在だったKGB、あるいは東欧諸国の情報機関が消滅・工作活動停止に追いこまれたため、彼らに頼ってきた極左テロや反米系の民族派テロの資金源が消えてしまったのである。

また、イスラム過激派の世界でも、湾岸危機の衝撃はやはり資金ルートの崩壊という形で表れた。それというのも、世界の多くのスンニ派テロ組織が全面的に資金を頼っていたサウジアラビアが、米軍を自国内に駐留させたためにイスラム勢力の非難を浴び、その報復として多くのテロ組織への資金援助を停止してしまったからだ。

それまでの世界のイスラム過激派は、スンニ派をサウジが、シーア派をイランが支援するという棲み分け構造になっていたのだが、その動機は、イランが「自身の影響力を浸透させるため」だったのに比べ、サウジの場合は「イスラム社会で聖地の守護者として認知され続けたい」という動機に加え、イランのような強力な情報機関を持たないため、「自身がテロの標的とならないよう上納金を納める」といった側面もあった。サウジにとって経済支援は、純粋なイスラム擁護のためばかりでなかった。

イランのスンニ派勢力への接近は、そうした間隙を衝いて行なわれた。たとえば1991年10月には、キャラビ国会議長の主催で「パレスチナ民衆のイスラム革命と連帯する国際会議」と銘打ったイベントがテヘランで開催されている。このときは、ヒズボラを介してすでにルートができていたパレスチナ組織「パレスチナ・イスラム聖戦」（PIJ）から、果ては左翼組織「パレスチナ解放人民戦線」（PFLP）までが招待された。出席した組織がそれなりの〝お土産〟をもらったことは確実である。

同じような国際会議は1993年2月にも開催されている。このときはリビア、アルジェリア、チュニジア、モロッコ、モーリタニア、アフガニスタン、トルコ、パキスタン、タジキスタン、フィリピン、タイのイスラム組織が出席し、苦しい財政から総額5億ドルの資金援助供出が決定したと伝えられた。ちなみに、このときヒズボラにも6000万ドルから8000万ドルの援助が決定されたとの情報が流れたが、実際にヒズボラはその直後から、対イスラエル戦の軍事行動を活発化させている。なお、こうした資金援助には、イラン保守派の資金源だった前出のムスタファザン財団に加え、イラン＝イラク戦争の帰還兵を援助している5つの財団がダミーとなっていた疑いがある。

一方、イランは湾岸危機以降、スンニ派ではあるが同じイスラム主義政権として国際的孤立を深めるスーダンとも連携を模索するようになった。基本的な構図は、貧困国スーダンに対して大国イランが石油の無償供与などで一方的に援助を与え、見返りとして紅海の港をイラン海軍に使用させるなどの軍事協力を引き出すといったものだった。

イスラム過激派との関連で重要なのは、1991年12月のラフサンジャニ大統領のスーダン訪問直後から開始された革命防衛隊の派遣だろう。彼らは、いわゆる軍事顧問団としてスーダン軍を指導するとともに、当時、スーダンを拠点としていたエジプト「イスラム集団」を筆頭とする各国のテロ組織に軍事訓練を開始した。そして、これによってイランは、ますますスンニ派の過激派たちとの関係を深め、テロリストの側は財政基盤と爆弾製造技術などを大幅に向上させることとなったのである。

なお、90年代前半当時のスーダン国内のイスラム過激派のキャンプは、少なくとも17ヵ所以上あった。主にスーダン北部に点在していて、最大のものはハルツーム北西郊外のメルヒヤト・スーダン人民防衛軍基地内にあったということだ。

その他の地域に関しては、イランはボスニア内戦にもモスレム勢力側を支援するために1000人規模といわれる革命防衛隊を派遣している。その時期、アフガン帰還兵やトルコ人義勇兵をはじめ、多くの義勇兵が中東イスラム諸国から参戦してきたが、なかでも組織的な戦闘部隊として大いに活躍したのが、イランの革命防衛隊だった。

イランが介入するということは、正規戦だけで終わるはずはない。やはりイラン情報部から200人以上もの工作員が入り込み、地元のモスレム兵士にテロ技術の指導を行なっていた。実際、1996年2月には、国連部隊がフォジニッツァのテロリスト訓練所を急襲し、イラン人教官3人を含む11人を逮捕。オモチャ型爆弾などを押収している。

以上が、湾岸戦争後にイランが乗り出したテロ・ネットワーク構築の主な動きだが、テロ支援国家イランがこの時期になんらかのかたちで援助していた組織を表のように列挙すると、まさに全中東地域に広がっていたことがわかる。

スーダンだけでなく、イランは自国領土内にも海外のテロ組織用秘密訓練基地を建設していた。90年代後半時点での推定は次のようになる。

イラン国内にあるテロ訓練所は最低11ヵ所。1995年から1996年にサウジアラビアの駐留米軍を標的に行なわれた爆弾テロに使用された起爆装置は、このどこかで製造された疑いが強い。訓練所のなかで最大のものは、コム近郊にあるイマム・アリ基地で、それ以外にもテヘラン郊外のタリク・アル・コド、テヘラン北東のカズヴィム、テヘラン北方のマザリシュ、コム郊外のバヘシュティエ、ペルセポリス郊外のマルブダシュト、バデンガ・ガユウル・アスリ、アフワズ郊外、ハマダン郊外、などの革命防衛隊基地内に設立された。いずれも外界とは完全に遮断されていたという。

これらのテロ訓練所では、サウジアラビア、アルジェリア、エジプト、パレスチナ、ヨルダン、リビア、シリア、トルコ等々からのイスラム過激派を訓練している。1997年までに5000

地域	組織名
イラク	イラク・イスラム革命最高評議会
レバノン	ヒズボラ
パレスチナ	ハマス、パレスチナ・イスラム聖戦、パレスチナ解放人民戦線、パレスチナ解放人民戦線総司令部派
トルコ	イスラム運動機構、クルド労働者党
アフガニスタン	イスラム統一党、イスラム協会
タジキスタン	イスラム復興党
エジプト	イスラム集団
アルジェリア	イスラム救国戦線、武装イスラム集団
チュニジア	ナフダ党

イランが支援したテロ・ゲリラ組織（非イスラム系含む）

人以上の若者が軍事訓練を受け、なかでも500人程度は自爆テロの訓練も受けたとみられている。要員は、当初はコムのイマム・アリ大学の留学生らをオルグしていたようだが、その後は各地の組織から派遣されてくることが多くなったという。

最大の訓練所であるイマム・アリ基地の訓練所の創設は1994年。監督者は大統領府情報部で、運営は革命防衛隊特殊部隊「コッズ部隊」が担った。ちなみに、創設当時の大統領はラフサンジャニで、大統領府情報部のトップはラフサンジャニの甥が務めていた。

「テロの黒幕」コッズ部隊と「下請け機関」ヒズボラ

90年代半ばより、イランは〝革命の輸出〟の一環としてこうした海外のテロ組織工作を強化しているが、当時その工作を主導したのは、ラフサンジャニだった。当時のメディア報道のなかには「ラフサンジャニはハト派で、ハメネイ最高指導者はタカ派」と色分けしているものも少なくなかったが、ラフサンジャニ大統領時代にも大統領府情報部が関与したとされるテロ事件が相次いだことなどを考えると、それは正しい認識ではない。

イランでは80年代の対外テロは、イスラム宣伝局が首謀し、革命防衛隊が実行するパターンが多かったが、1989年にホメイニが死去し、ハメネイが最高指導者、ラフサンジャニが大統領になった時期は、イラン政界ではハメネイよりもラフサンジャニのほうが強い影響力を持っており、90年代に入って以降は対外破壊工作もラフサンジャニが仕切っていた。

対外テロはラフサンジャニの甥が長官の大統領府情報部が統括し、コッズ部隊や情報省、あるいは手下のヒズボラに実行させるというしくみだった。情報省は主にメディア監視・工作による情報統制を任務とする機関だったが、イランの反体制派の取り締まりも担当しており、それに付随する国外でのテロも実行した。

コッズ部隊はもともと80年代のイラン＝イラク戦争時の革命防衛隊の特殊部隊「第900部隊」を母体とする工作機関。第900部隊は対イラク特殊作戦のほか、ヒズボラ育成やアフガニスタン・ゲリラ工作も担当したが、そこがやがて「特殊海外作戦局」に改編され、イラン・イラク戦争終結時の88年にコッズ部隊に改編された。以後、海外の過激派を徴募し、訓練することが主任務となった。

前述のミコノス事件の実行犯がヒズボラ兵士だったことに示されているように、イランは国外でテロ作戦を実行する場合、しばしばヒズボラを手駒として利用している。ヒズボラはイラン保守派や革命防衛隊とかぎりなく一体であり、極論すれば〝イランのテロ下請け機関〟でもあった。

したがって、黒幕イランが欧米と敵対している状況では、結成直後のヒズボラも、その本来の対イスラエル戦という目的以外に、欧米人へのテロを重要任務とした。ヒズボラには前述したように出身母体ごとにいくつかの派閥があったが、内部の微妙な軋轢もあって、いくつもの過激グループがそうしたイランの意向に呼応し、競うようにテロに走った形跡がある。

ヒズボラはイランの指揮下で80年代から活発にテロを実行した。最も世界に注目されたのは、前述したベイルート駐留米仏軍などへの自爆攻撃と、とくに1984年から1986年に最高潮に達した在留欧米人の誘拐だ。自爆攻撃という〝狂信者集団性〟と、誘拐という〝犯罪者集団性〟は、いずれもテロリズムの条件としては最も強力な要素であり、それが融合されたヒズボラは、他の追随を許さないまさに〝史上最も危険なテロ集団〟であったと言える。80年代にレバノンでヒズボラに誘拐された欧米人は30人以上に及び、うち何人もが殺害されている。

レバノン国内でのヒズボラのこうしたテロがようやく沈静化するのは90年代に入ってからだ。それはなにも彼らが平和的な人々になったということではなく、イランから地対地ロケット「カチューシャ」が大量に送られてくるようになったため、活動の重点をより対イスラエル戦にシフトしたからである。

ただ、それでもテロがなくなったわけではない。90年代前半、湾岸戦争に絡むテロがレバノンでも続出したが、ヒズボラもそのいくつかに参加していた。バーレーンやサウジアラビアでときおり発生するシーア派過激派の事件でも、しばしばヒズボラの関与がとりざたされた。

ヒズボラのなかでも、ハイジャック、自爆テロ、暗殺、誘拐などを繰り返した過激グループのリーダーとして、とくに以下の人物が知られている。

■フセイン・ムサウィ

1943年生まれ。シーア派民兵組織「アマル」のバールバック（ベッカー高原）司令官だったが、1982年に自派を率いて「イスラミック・アマル」を結成。直後に「ヒズボラ」創設に参加した。「ヒズボラ」バールバック司令官ということになっているが、事実上の軍事最高司令官である。80年代半ばに「イスラム聖戦機構」名で行なった数々のテロの黒幕といわれる。

■スブヒ・トゥファイリ

元事務局長。ナジャフとコムの神学校で学んだ導師。「ヒズボラ」宗教指導者層で最も過激なテロ煽動者といわれる。1998年1月、最高幹部評議会から外されたことで自派が蜂起。実力を見せつけたことで逆に発言力を増したとみられる。

・ハッサン・サイード・イッザルディン

80年代、ムグニヤ（後述）とともに多くの海外テロ工作を指揮。1994年11月には、モサド＋CIAにより拉致未遂に遭っている。

■イブラヒム・アキル

シリア情報部に近い。海外テロ工作を多数実行。フランスでは欠席裁判で終身刑が確定している。

■アブドル・ハジ・ハマディ

情報部長。フランスでは欠席裁判で終身刑が確定している。

■イマド・ムグニヤ

ヒズボラ軍事部門の上級司令官でテロ実行グループを率いたテロリスト。特にイランとの関係が深い。関与したとみられるテロには、1983年4月の在レバノン米国大使館爆破（63人死亡）、同年10月のベイルート駐留米海兵隊兵舎&仏軍司令部への自爆特攻テロ（297人死亡）、同年12月の在クウェート米国大使館爆破（12人死亡）、1984年9月の在ベイルート米国大使館施設への自爆特攻テロ、同年12月のクウェート航空機ハイジャック、1985年5月のクウェート首長暗殺未遂、同年6月のTWA機ハイジャック、1989年4月の2度目のクウェート航空機ハイジャック等々、まさに枚挙に暇《いとま》がない。また、やはり80年代に多発した30人以上のレバノン在留欧米人誘拐の多くも、直接指揮したものとみられる。

90年代に入ると、CIAやイスラエル情報部などの追撃を恐れてイランに逃亡し、イラン情報省の警護兵付きでテヘランのホテルに潜伏したと伝えられた。当時のイラン情報相アリ・ファラヒヤンや革命防衛隊司令官モフセン・レザイと親交がある。ムグニヤの配下のテロ部隊は、1994年7月のアルゼンチンでのイスラエル共済会館爆破テロ（96人死亡）を実行したとみられる。同じ時期、パナマやロンドンでもヒズボラによるテロが相次いだが、いずれも〝イラン情報部からムグニヤへ〟という指揮系統による犯行の可能性が高い。

1997年、ヒズボラ軍事部門の指導のためレバノンに帰国。軍事部門の参謀総長として活動した。その後、詳しい消息は長く不明だったが、2008年、滞在中のシリア・ダマスカスでCIAとモサドの合同作戦で爆殺された。彼のゲリラ名は「ラドワン司令官」だったが、ヒズボラ軍事部門の対イスラエル戦を担う精鋭部隊はムグニヤ殺害を受けて「ラドワン部隊」と改名している。

ヒズボラのテロ活動は中東地域にかぎらず、全世界に広がっている。たとえば1992年2月にヒズボラ事務局長アッバス・ムサウィがレバノン南部でイスラエル特殊部隊により暗殺されると、その報復を翌月になんと南米アルゼンチンで実行する。在アルゼンチン・イスラエル大使館を爆破し、29人を殺害したのである。

また、1994年5月にベッカー高原を急襲したイスラエル特殊部隊がイラン人教官含む26人を殺害し、ヒズボラ幹部のムスタファ・ジラニ（1986年にイスラエル兵を誘拐し、イランに引き渡した責任者）を拉致すると、その報復として、同年7月、ブエノスアイレスのイスラエル共済会館に車両爆弾を仕掛け、96人を殺害。その翌日には、パナマでユダヤ人事業家たちが搭乗する国内線シャトル便を自爆テロで爆破し、乗員乗客20人を殺害。その1週間後に今度はロンドンで、イスラエル大使館とユダヤ人慈善団体事務所を車両爆弾で襲った。

一連の事件のうち、ブエノスアイレスのイスラエル共済会館爆破については、イラン情報部関係者の亡命により、事件の背景が判明した。それによると、計画はそもそもイラン政府中枢で決定され、イラン情報省情報部経由（当時はファラヒヤン長官）でヒズボラ事務局長ハッサン・ナスララに指令され、イマド・ムグニヤの海外テロ部隊が出動したようだ。アルゼンチン捜査当局は、実行犯のバックアップで動いた4人のイラン大使館員を特定し、さらには事件に使用された盗難車を調達した地元の不良警察官グループなど20人の下請け共犯者を逮捕・起訴している。

ところで、なぜレバノンのテロ組織が、南米であれほどの大規模テロを速やかに実行しえたのかという点で注目されたのが、レバノン人移民社会の存在である。特に疑惑が指摘されたのが、アルゼンチンおよびブラジルとの国境に近いパラグアイ領の町シウダー・デル・エステ（エステ市）で、その周囲に形成された移民社会とそこを母体とするレバノン・マフィアがヒズボラの一部と連携しているのではないかということであった。

事件とエステ市のレバノン人移民社会との関係は不明だが、イスラム組織とマフィアの組み合わせ自体は特に驚くことではない。そもそもヒズボラが牛耳るレバノンのベッカー高原は麻薬製造拠点であり、間違いなく両者は接点があるからだ。

実は世界では他にも意外なところでヒズボラの名前を聞くことがあった。南アフリカ・ケープタウンで地元麻薬組織と抗争していたイスラム系地下組織「パガド」も、遠いヒズボラと共闘していたが、やはりそこには小規模ながらレバノン人移民社会があり、レバノン・マフィアが存在している。アフリカ東西海岸部のいくつかの小さな町でも、なぜかヒズボラが出没したが、そこもたいていレバノン・マフィアの拠点といわれている土地だった。

そもそも、非合法活動を行なうテロ組織は、基本的に犯罪組織と似ている。国際犯罪組織が各地の移民社会を拠点に根を広げるのならば、海外展開を企図するテロ組織が同じ方法を選ぶことも十分にあり得る話だ。こうしたテロリズムと移民のネットワークは、なにもレバノン人にかぎったことではない。

イランの対外工作のしくみは、1997年から1998年にかけて大きく変化した。実力者であるラフサンジャニが1997年に大統領ポストから降りたことで、ハメネイ最高指導者の権限が強化されたからだ。ハメネイとその取り巻きのイスラム保守派は、ラフサンジャニ時代に大きな影響力を持っていた大統領府情報部の権限を縮小し、対外工作の主な権限をコッズ部隊に移管した。1998年、強化されたコッズ部隊の新たな司令官には、革命防衛隊の歴戦の部隊指揮官だったカセム・ソレイマニが任命された。

このソレイマニ司令官が、2000年代以降のイランの対外工作を取り仕切った。彼はまさに破壊工作の天才であり、決定的に重要なキーマンだった。ソレイマニの指揮下で、コッズ部隊は2000年代以降、中東各地でさまざまな流血の抗争を引き起こしていくのだ。

第3部

蠢く地下テロ水脈

第8章

アルカイダとつながる反米イスラム人脈

スンニ派と米国の微妙な関係

〝イスラムの敵〟といえば、まず第一に、聖地エルサレムを占領している宿敵＝イスラエルである。エジプトのサダト大統領は、直接的には国内イスラム勢力を弾圧したことで報復を受けたのだが、そのテロリズムには、パレスチナの同胞を見捨ててイスラエルと手を組んだことへの〝天誅〟という大義名分があった。

他方、レバノンのヒズボラが駐留米軍を自爆テロで攻撃した理由は、米国がイスラエルの背後にいたということだけでなく、黒幕であるイランの最高指導者ホメイニが〝イスラムVS欧米社会〟の構図を前面に打ち出し、米国を「大悪魔」と呼んで敵視したということにあった。米国側も、ペルシャ湾岸からの石油供給安定を守るためにはイスラム革命の連鎖を許すわけにはいかず、イラン＝イラク戦争ではイラク側を支援するなど、イラン封じ込め戦略を徹底させてシーア派イスラムの過激勢力を敵に回した。

こうした米国とシーア派の完全敵対関係に比べると、米国とスンニ派の関係は微妙な距離感を持って推移していた。米国は伝統的に全面的にイスラエル支持だが、同時に米国はスンニ派イスラム主義最大の資金源である湾岸産油国、特にサウジアラビアと事実上の同盟関係にあったからだ。

聖地メッカを擁するサウジアラビアは、イスラムでも厳格に戒律を守る宗派であるワッハーブ派を国教としており、サウジ王家は厳しいイスラム法のもとで聖地を守護することを公言していた。国家の最高法規としてイスラム法を採用することをイスラム国家と呼ぶのなら、サウジはまさにそれだった。

さらに、サウジの王族や他の有力者の多くが、豊富な資金力をバックにさまざまなイスラム財団を通じて各地のイスラム主義者を財政的に支援していた。エジプトのようにしばしば弾圧が行なわれた国からは、国内で組織活動を行なわないという条件のもとに多数の逃亡者を受け入れ、ときに生活の面倒までみた。つまり、サウジアラビアはスンニ派イスラム主義の最大の庇護者でもあったのだ。

したがって、イスラエルの庇護者である米国は当然、スンニ派イスラムの〝敵の味方〟だったのだが、同時に、イスラム主義勢力の庇護者の同盟国、すなわち〝味方の味方〟ということにもなった。そのため潜在的には存在しているはずの〝スンニ派イスラムVS米国〟という対立軸を先鋭化させずにきたわけである。

ソ連のアフガン侵攻と戦うジハード戦士たち

米国とスンニ派イスラムがそんな状況にあったとき、もうひとつの敵がイスラムの前に登場した。ソ連である。非宗教的な共産主義を標榜する独裁国家ソ連は、スターリン時代より中央アジアやカフカス地方のイスラム教徒を弾圧しており、もともとイスラムの敵と位置づけられていた。しかし、中東の紛争の根源でもあるイスラエルとアラブ諸国の対立に関しては、冷戦戦略上、アラブ側を支援し、反米派アラブ諸国やパレスチナ・ゲリラなどを強力に支援してきた。〝イスラムの敵〟ではあったが、同時に〝敵の敵〟でもあったわけだ。

ところが、1979年12月、ソ連軍が突如アフガニスタンを侵攻したのである。これに対し、ソ連を敵とする4つの勢力が共闘した。①ソ連軍に追われたアフガニスタン人の抵抗勢力 ②ソ連の宿敵である米国と西側同盟国 ③ソ連の脅威を正面で受けることとなったパキスタン ④アフガニスタン人と同じ宗教を信仰する世界のイスラム教徒、であった。

まず、もともと部族抗争社会だったアフガニスタンで、部族の有力者たちがそれぞれのグループごとにゲリラ組織を結成した。いずれも、自身を〝ムジャヒディン〟(イスラム聖戦士)と呼び、対ソ戦を〝ジハード〟(聖戦)と呼んだ。

彼らは自分たちだけで武器や戦費を調達するのが困難なため、それぞれの人脈で外部に支援者を求めた。外部には、やはりソ連の勢力拡大を望まない前述したような勢力があり、それぞれの協力者を探し、それぞれの思惑で軍事的経済的に各ゲリラ組織を支援した。〝敵の敵は味方〟〝敵の味方の敵は味方〟というような不自然な組み合わせもあったが、結局、米国CIAとパキスタン軍統合情報局（ISI）が中心となり、イギリス情報部、フランス情報部、イスラエル情報部、サウジアラビア情報部、サウジの各イスラム財団、モスレム同胞団、イラン工作機関、民間イスラム教徒義勇兵、などが入り乱れて暗躍したのである。

アフガニスタンの各ゲリラには、国外から武器・弾薬が届けられただけでなく、いわゆる義勇兵も数多く駆けつけた。少なくとも30カ国以上に及ぶといわれる義勇兵の出身地は、パキスタンとインド・カシミール地方が最も多かったとされており、他にもバングラデシュ人、イラン人、トルコ人などもいたが、やはりアラブ各国から続々と参入してきた義勇兵が注目された。

こうしたアラブ義勇兵組織化自体が、CIAの秘密工作だった。まずCIAイスラマバード支局とカイロ支局の合同作戦としてスタートし、ISIが協力したとみられる。訓練に当たった軍事教官のなかには、イギリス秘密情報部SIS（通称MI6）と連携する英軍特殊部隊「SAS」（陸軍特殊空挺部隊）出身の民間警備会社スタッフたちも含まれていたといわれる。また、サウジアラビア情報部といくつかのイスラム財団もこの工作に深く関わっていた形跡がある。

さらに、アラブ義勇兵工作に早い段階から関わっていたのが、パレスチナ系ヨルダン人のイスラム法学者アブドラ・アザムである。彼は、モスレム同胞団急進派幹部ムハマド・アブル・ナスルの命令によって派遣されたといわれており、1981年には臨時のモスレム同胞団ペシャワール代表に就任、アラブ義勇兵受け入れ組織「奉仕者の家」をペシャワールで旗揚げした。この「奉仕者の家」には、サウジのリヤド州知事サルマン・アジズ王子も資金援助したようだ。

ペシャワールでそんなアザムの活動に感銘を受けたのが、後に国際テロの黒幕となる若き日のウサマ・ビンラディンだった。彼は、サウジ最大の建設会社を有するビンラディン財閥当主の息子という大富豪で、ソ連軍侵攻直後にアフガニスタンに渡った。

その後、何度か本国と往復したとみられるが、やがて「奉仕者の家」のアブドラ・アザムの活動を補佐するようになる。実家の資金力で本格的な義勇兵斡旋組織「聖戦と救済」を創設すると、1986年頃からは、エジプトやサウジアラビアのビンラディン商会を窓口に兵士を募り、渡航費用と活動費を負担してペシャワールに送り込むシステムを確立している。また、それだけではなく、ペシャワール近郊およびアフガン領内の少なくとも6ヵ所に義勇兵用の軍事訓練キャンプを建設し、戦闘員を養成することにまで乗り出している。

アフガニスタンの戦場では、当初は自前の建設機材を持ち込み、アフガン＝パキスタン国境に秘密のトンネルを建設するなどしていたが、やがて自身の配下を従えて野戦司令官となった。1986年のジャジ戦線、1987年のシャバン戦線での戦闘でソ連軍を撃退し、アラブ義勇兵部隊有数の戦闘指揮官として名を上げたともいわれるが、野戦司令官としてはそれほど目立った存在ではなかったという説もある。えてしてこういう話には尾ひれがついて伝わるので、事実は不明だ。

ただ、いずれにせよ、アラブ義勇兵のなかでその財力は飛び抜けており、総合的な貢献度も高かったことから、義勇兵人脈の顔役になった。世界各地から集った義勇兵の指導者たちとも親交を深め、それがひいてはその後の国際テロ・ネットワークの基礎となった。80年代にアフガニスタンに渡ったアラブ義勇兵は、のべ人数で2万から2万5000人にもなる。拠点となったパキスタンのペシャワールには、アラブ義勇兵が最も集まった80年代半ばで常時500人から1000人程度が在留していたとされる。

戦争初期のアラブ義勇兵の多くは「ダワ・ワ・シャリア」（イスラムの呼びかけと法）と名づけられた部隊に組み込まれたようだ。これは1981年10月のサダト暗殺後の大弾圧でエジプトからサウジアラビアなどに逃れたジハード団とイスラム集団のテロリストたちが母体となって作られた部隊である。司令官はジハード団の幹部だったアイマン・ザワヒリで、事実上、ジハード団とイスラム集団の遠征部隊だった。当然ながら、当初はエジプト人のメンバーが多かった。

しかし、やがてさまざまな国から希望者が殺到するようになり、アラブ義勇兵たちもそれぞれの派閥で分派した。出身国でみると、アラブ人部隊の最大派閥は、ジャファル・アフガニ率いるアルジェリア人部隊約2800人（最大時。以下同じ）。彼らは後に本国で超過激殺戮集団「武装イスラム集団」の中核を形成することになる。

次が、前述のエジプト人部隊約2000人。その後、彼らのダワ・ワ・シャリアという部隊名は使われなくなり、一般にイスラム集団と名乗るようになった。正しくはジハード団とイスラム集団の合同部隊なのだが、アフガニスタンでも本国エジプトでも、サダト暗殺以後の両者は〝同グループ内の派閥〟ほどの違いとして、事実上ほとんど区別されなくなっている。最高司令官はやはりアイマン・ザワヒリだが、彼は後に独自の国際テロ組織「征服の前衛」も創設している。

このイスラム集団アフガニスタン遠征軍には、他にも名の知れたテロリストが多かった。副司令官格のムハマド・イスランブーリは、サダト暗殺の実行犯ハリド・イスランブーリの実兄。後に独自のイラン・コネクションを確立し、90年代のイスラム集団およびアラブ・アフガン義勇兵人脈のイラン接近を橋渡しすることになる。元エジプト軍大佐イブラヒム・メカウィは、元ジハード団の最高幹部のひとりだったが、アフガニスタンではザワヒリの右腕として動き、ザワヒリが創設した「征服の前衛」の実質的な軍事司令官となっている。

以上のように、アフガニスタンでのアラブ義勇兵はアルジェリア人とエジプト人が2大派閥だったが、それ以外のアラブ諸国出身者たちは、それぞれ混合して多国籍部隊を形成した。

本国から組織として渡ってきた部隊を別にすれば、同じ言語・文化のアラブ人は国籍をアイデンティティとはしない。したがって、出身国別の人数の実態は不明なのだが、たとえば1992年4月の共産政権崩壊時には、サウジアラビア人が約1000人程度だった以外は、イラク人、イエメン人、パレスチナ人、ヨルダン人、スーダン人、チュニジア人が、それぞれ数百人規模で在留していたという調査報告もある。

なお、80年代後半から90年代にかけてのアフガニスタン国内のアラブ義勇兵キャンプは少なくとも20ヵ所に及ぶとみられている。多くがアフガン東部と南部にあり、なかでも最大規模のものがクナール・キャンプと呼ばれるものだったが、その実質的所有者はウサマ・ビンラディンだった。

行き場を失った義勇兵をスーダンで組織したビンラディン

そんなアラブ義勇兵たちに大きな転機が訪れたのは、1988年4月だった。ジュネーブ和平協定が調印され、ソ連軍がついに撤退することとなったのだ。ソ連軍撤退は翌5月から開始され、1989年2月に完了した。アラブ義勇兵たちにとって、それは輝かしい勝利の瞬間だった。

だが、それは同時に、反ソ連で結束していたさまざまな陣営の間に、いくつもの綻《ほころ》びが生じるきっかけともなってしまう。ひとつには、ソ連という敵を駆逐した今、今後はどうするのかという問題だった。確かにソ連軍はいなくなったが、それでもまだ首都カブールには傀《かい》儡《らい》政権が残っていた。ソ連供与の近代的兵器を持つナジブラ政権軍を、アフガン・ゲリラたちがすぐに駆逐できる可能性は少なかった。それまで形成してきた個人的な人脈で、これからも戦友たちの力になりたいと思ったアラブ義勇兵も少なくなかった。

しかし、その戦いは異教徒の侵略軍と戦う聖戦ではなく、あくまでアフガニスタン人同士の内ゲバに過ぎなかった。アラブ義勇兵たちの多くは、戦いへのモチベーションを明らかに失っていった。

そんなとき、ウサマ・ビンラディンとともに義勇兵組織化計画で中心的役割を果たしたモスレム同胞団ペシャワール支部長アブドラ・アザムが何者かに殺害された。それを受けて、ビンラディンは残されたアラブ義勇兵をまとめるべく、残された「奉仕者の家」と「聖戦と救済」のメンバーを中心に、自身の組織を結成した。それが後に国際イスラム過激派のビッグネームとなる「アルカイダ」(基盤・拠点。英語でいうbase)である。

アルカイダの発足時の人数などはわかっていない。ただ、はたしてビンラディンが最初からアルカイダを国際テロ組織にしようと考えていたのかは疑わしい。なぜなら、自らの組織を創設したビンラディンは、それを部隊化することもせずにサウジアラビアに帰国。その間、積極的にテロを組織化するといった動きを見せていないのだ。この時期のビンラディンの動向で注目されるのは、当時、旧南北政権勢力の融和が進んでいたイエメンで、第三勢力として急速に台頭してきた野党組織「イエメン改革連合」の支援に関与したことぐらいである。

その後、ビンラディンが再び活発に動き出すのは、90年8月の湾岸危機のときからだ。聖地メッカを擁するサウジアラビアに異教徒の米軍を入れたことを痛烈に批判したのだ。とはいえ、それは銃や爆弾を使って暴れまわるということではなく、強権的なサウジ国内ではタブー視されていた政府批判を大々的に公言するといった行動だった。いくら財閥の息子であっても、王制国家サウジアラビアで政府批判は許されなかった。ビンラディンは国内にいづらくなり、1991年、当時、イスラム主義勢力が政権を握っていたスーダンに移住する。

スーダンに渡ったビンラディンは、豊富な資金力をバックに、スーダン政権の求めに応じてそこでさまざまな事業をスタートさせた。アフガニスタン時代の戦友たちを集め、建設業のノウハウを活かした道路や空港の建設をはじめ、工場・農場の経営、銀行設立への出資などを行なった。これは、行き場のなくなった元義勇兵たちの居場所を作ったという側面が大きかった。

ところがその当時、スーダンに〝聖域〟を求めたのは、なにもビンラディンだけではなかった。中東各国のイスラム過激派が続々と入国してきたのだ。そして、こうした面々との出会いが、ビンラディンを再び本格的に国際テロのオーガナイザーに押し上げるきっかけとなった。彼はテロリスト訓練のための基地を建設・運営し、各国のイスラム過激派への影響力を深めていったのである。

ビンラディンは、これを機会にさまざまなイスラム過激派組織の支援者となった。古巣のアフガニスタンでも同じような活動を始め、アルカイダ運営の軍事訓練基地で養成したイスラム戦士を、そこから世界各地の戦場に送り出した。〝聖戦〟のための戦場は、インド・カシミール、タジキスタン、チェチェン、ボスニア、フィリピンと繋がっていた。こうしてアルカイダを軸とする国際ネットワークは、いっきに広がっていったのである。

その頃、ビンラディンはもはや世界のイスラム過激派の巨大なカリスマとなっていた。発言力を増したビンラディンは、聖なる土地に軍隊を駐留させる米国への聖戦を説き、いつまでも米軍駐留を容認するサウジアラビア政府を罵倒した。そのため1994年2月にはビンラディン本家から絶縁を宣言され、同年4月にはサウジアラビア政府から国籍も剝奪された。ただ、イスラム聖戦主義の考えでは、〝正論〟はサウジ側よりビンラディンにあった。ビンラディンは、行動するカリスマとして、それこそ世界中のイスラム聖戦主義者たちから支持を集めた。

ところで、ソ連軍撤退後、本国に帰還したアラブ人兵士たちのなかで、その後、世俗政権打倒のための激しいテロ闘争に乗り出したグループもあった。とくに、エジプトに戻ったイスラム集団と、アルジェリアで過激組織「武装イスラム集団」を創設したグループは、アフガン仕込みの攻撃性を爆発させ、怒濤の無差別テロに走りだしていた。

これに頭を悩ませた両国の政府は、テロ撲滅のカギはイスラム兵士の供給源遮断だと考えた。両国はパキスタンに猛烈な圧力をかけ、1994年3月、ついにペシャワールからのアラブ義勇兵追放を約束させた。パキスタン当局による〝アラブ人狩り〟は、その年5月には早くも実行に移された。当時、ペシャワールに約2000人程度が滞在していたとされるアラブ人たちは、ある者は本国へ、ある者はアフガニスタン内部へ、ある者は第三の場所へと散っていった。パキスタン当局の追撃を逃れて、そのまま地下に潜伏した者も少なくなかった。

このとき多くのアラブ人がビンラディンに救いを求めた。彼はその連中にスーダンまでの渡航費用を工面し、身柄を引き受けた。続々とスーダン入りした義勇兵たちは、当面、ビンラディンが関わっているさまざまな事業に従事した。事実上、ビンラディンの配下になった彼らは、そのほとんどがイスラム義勇兵国際ネットワークの中心となりつつあったアルカイダに合流した。

これでアルカイダの兵力は、それまでの数十人からいっきに数百人に増えたといわれている。ビンラディンが反米テロを企図し、配下を世界各地に送り出すのは、ほぼこの頃からである。

一方、ビンラディンは1994年7月、アフガン帰還兵を支援するという名目のダミー組織「助言と救済委員会」をロンドンに設立した。ビンラディンはそこを拠点に反米・反サウジアラビア宣伝、反米テロ資金調達を工作し、さらにはそこを工作員運営の拠点とした。海外拠点を作り、細胞を潜入させるというのは、テロ作戦で有効な手法である。ビンラディンの視線はすでに、国際的な聖戦テロに向いていたのだろう。後にアフリカで米国大使館爆破テロを実行する配下たちをあらかじめ送り出したのも、この頃だった。

アフガニスタンに拠点を獲得し、聖戦に乗り出すアルカイダ

ともかく、こうしてスーダンという理想の〝拠点〟（文字通りアラビア語で「アルカイダ」）を手に入れたかに見えたビンラディンだが、1996年4月、前年6月にハルツームで発生したムバラク・エジプト大統領暗殺未遂事件の容疑者（エジプト「イスラム集団」戦闘員）を匿《かくま》っているとして、スーダンが国連による外交制裁を受けることとなった影響を受け、スーダンにもいづらくなった。1996年5月、スーダンを出国し、再びアフガニスタンに渡ると、ジャララバード近郊に拠点を移した。

その頃、アフガニスタンでは大きな政治変動が起きていた。1994年8月に誕生し、パキスタン軍統合情報部ISIの後ろ盾で1995年春までにアフガニスタン南部をほぼ制圧した「タリバン」が、首都カブールに迫りつつあったのだ。そんなタリバンに、ビンラディンは客分扱いで迎え入れられた。1997年には、ビンラディンがその本拠地をアラブ人義勇兵人脈の地盤であるジャララバード地方から、タリバンの本拠地カンダハル近郊に移したことが確認されている。

いずれにせよ、アルカイダにとってなにより大きかったのは、世界中を敵に回してもいささかも怯《ひる》むことのない独善的なイスラム聖戦主義者が支配する土地が地球上に存在した、ということだった。これから対米国の聖戦に乗り出そうとするアルカイダにとって、アフガニスタンは、スーダンをはるかに凌《しの》ぐ聖域だった。

そして、タリバンと連携するビンラディンとともにアルカイダを支えたのが、アイマン・ザワヒリだった。ザワヒリはアフガン戦争初期の頃からビンラディンと親交があり、しばしば資金援助を受けてきたようだ。ザワヒリのほうからは、兵力の提供というかたちでビンラディンに協力した。そうした協力関係にあったビンラディンのアルカイダとザワヒリのグループ(「征服の前衛」「ジハード団」「イスラム集団」など数種の名称を使い分けた)は、ビンラディンが本格的に国際的展開に乗り出した90年代半ば以降、ほぼ表裏の関係にあるといえるほど一体化したとみられる。

1998年2月、ビンラディンは「ユダヤ・十字軍との戦いのための国際イスラム戦線」という横断的組織を結成。同年6月、ペシャワールで開かれた同組織の集会で、公式に米国との聖戦を宣言した。同戦線は、基本的にはビンラディンのアルカイダとザワヒリのジハード団の連携組織で、他にパキスタン「ウラマー協会」とバングラデシュ「聖戦運動」が参加したものだった。ビンラディンがトップで、副官がザワヒリだが、ザワヒリは部下というより後見人的立場だった。

まず標的となったのは、ケニアとタンザニアの米国大使館だった。1998年8月、ほぼ同時刻に強力な車両爆弾で攻撃された。とくにケニアの場合、隣接するビルがほぼ全壊するという被害を受け、多くの犠牲者を出した。死者はケニアで213人（うち米国人12人）、タンザニアで11人だった。犯行後、「イスラム聖戦解放軍」という実在の確認されていない組織名の犯行声明が複数の報道機関に寄せられた。

このテロ攻撃に対し、米当局は、拘束した容疑者の供述や通信傍受記録、そしておそらくかねてから工作していたスパイ網などの情報により、首謀者をウサマ・ビンラディンと断定。庇護者であるタリバン政権に、ビンラディンの身柄引渡しを要求し、拒否された。

同月20日夜、米軍はビンラディンの関連施設と思われる場所を、巡航ミサイル「トマホーク」で爆撃した。米政府の説明では、その日に爆撃を行なった理由は「新たなテロが準備されていたこと」「その日のビンラディンの所在について情報があったこと」だったという。爆撃されたのは、アフガニスタンではアルカイダの司令部と訓練キャンプ4ヵ所、武器庫1ヵ所の計6ヵ所。スーダンでは、ビンラディンが関与する化学兵器工場とされた1ヵ所が破壊された。アフガニスタンで15人が殺害されたと報じられたが、ビンラディンは無傷だった。なお、スーダンの標的については誤爆だったことが後に明らかにされている。

ウサマ・ビンラディンがアフリカの米国大使館爆破を命じた犯人は、なんと事件の4年も前の1994年から現地に送り込まれていた。ちょうどスーダンに暮らすビンラディンがサウジ国籍を剝奪され、ロンドンにダミー事務所を開設してネットワーク拡大に乗り出したとみられる頃である。長い準備期間を経たテロだったが、いずれにせよこうして表向きも実際も準備がある程度整ったところで、ビンラディンは大規模な〝対米攻撃〟に成功した。イスラム聖戦主義を掲げる闘争において、ビンラディンの名前は他の追随を許さないものとなった。米政府はビンラディンに賞金500万ドルをかけて国際指名手配した。

それでもさらなるテロの準備は整えられた。次なるテロの決行日は、20世紀最後の〝ラマダン（断食月）明け〟となる2000年1月3日と予定された。米国、ヨルダン、イエメンの少なくとも6ヵ所の標的を一斉に爆破し、1000人規模の人間を殺害しようという驚愕すべき計画だった。それを後に、米国のメディアは「ミレニアム・テロ計画」と呼んだ。

【ロサンゼルス空港爆破未遂】

1999年12月14日、カナダ西部から爆弾を満載した車両とともにフェリーで米国入国を図ったアハマド・レサムが、ワシントン州ポート・アンゼルスで逮捕された。それに続き、東部のバーモント州から入国しようとしていたマフタル・ハワリがカナダ側で、さらにアブドル・ガニ・ムスキニも潜伏先のニューヨークで逮捕された。彼らはいずれもアルジェリア国籍で、ロサンゼルス空港爆破計画が進められていたことが判明した。

FBIの追跡により、計画責任者であるモーリタニア人モハムベドゥ・オウルド・スラヒが同月中に逃亡先のセネガルで逮捕された。彼はアルカイダの有力メンバーとみられている。

【ヨルダン高級ホテル爆破未遂】

アフガン帰還兵が多いヨルダンは、かねてからイスラム過激派テロリストの拠点とみられてきたが、1999年2月のフセイン国王死去後、アブドラ新国王体制下のヨルダン情報部は、CIAやFBIとの連携を急速に深めていた。パレスチナのイスラム組織「ハマス」を国外追放したこともその一環だが、国際テロ人脈にも強いヨルダン情報部は、1999年中に少なくとも2件の反米テロ計画を米国に通報していた。

こうして逮捕されたなかのひとりに、ハリル・ジヤドがいた。アルカイダのハイテク機器調達担当として、主にフロリダで動いていたという彼は、逮捕後、FBIと取り引きし、スパイに寝返った。ジヤドの情報を元に1999年12月、アルカイダのメンバーであるハリル・サイード・デュークが指揮する13人のテロ班が、ヨルダンと米国の情報当局による合同作戦によって摘発された。やはり2000年1月3日に、米国人が多く集まるアンマンの高級ホテルを爆破する計画が進められていた。

ちなみに、このときヨルダン情報部が逮捕した容疑者から、ビンラディンがアフガニスタンのテロリスト訓練所で使用している6巻のテロ・マニュアルをコピーしたCD-ROMが押収され、FBIに引き渡された。内容は、爆弾製造法からテロ作戦の立て方までを詳細に解説したもので、1000ページにも及び、組織内では「マウスーア」（百科事典）と通称されていた。

もうひとつの〝1月3日同時テロ〟の目標は、イエメンのアデン港に寄港中の米海軍のイージス駆逐艦だった。この作戦は、爆弾を満載した小船で体当たりをしようというものだったのだが、爆弾が重すぎて船が沈みかけてしまい、失敗に終わった。ところが、こちらは作戦そのものが摘発されたわけではなかったので、米国側に気づかれずに済み、日を改めて行なわれることとなった。

実行されたのは2000年10月12日。米イージス駆逐艦「コール」への自爆攻撃（17人死亡）が決行され、さらに翌13日には、首都サヌアでも在イエメン・イギリス大使館が爆弾攻撃を受けたのだった。

イエメン当局が逮捕した犯行グループから、背後にアフガン帰還兵グループがいたことが判明した。ビンラディンはパキスタンのANN通信に声明を発表。テロ関与には触れなかったが、「今後も対米聖戦を継続する」と明言した。

対米テロの首謀者ハリド・シェイク・ムハマド

ここで、アルカイダの対米テロでキーマンとなる重要人物について触れないわけにはいかない。9・11テロを立案したハリド・シェイク・ムハマドである。2001年の9・11テロはウサマ・ビンラディンが司令者だが、彼は首謀者ではない。それを考えたのはムハマドで、彼がアルカイダに合流したことで9・11テロは企画された。ムハマドがいなければ9・11テロは起きていなかったのだ。

ムハマドは、クウェートに住むバルチ系パキスタン人の家庭に生まれ育った（バルチ人はパキスタン西部からイラン国境付近を中心に居住する少数民族）。16歳で地元のモスレム同胞団に加わり、イスラム原理主義思想に目覚めたという。

ムハマドはクウェートの高校を卒業すると、米国に渡り、ノースカロライナ州の小さなバプティスト系カレッジに留学。その後、ノースカロライナ州立農業技術大学に進学した。機械工学を専攻し、1986年に卒業している。

その後まもなく、アフガニスタンの対ソ戦に参戦するためにパキスタンのペシャワールに渡る。そのときすでに実兄ザヒードがムジャヒディンに加わっていて、その紹介でゲリラに参加することとなった。ちなみに、彼らだけでなくその他の兄弟たちや親族など、ムハマドの一族のなかからは何人もの男たちがムジャヒディンに参加していて、後にそれぞれアルカイダに加わっている。ムハマドは短期間、アフガンの前線で戦った後、すぐにアブドラ・アザムの事務所に呼ばれ、その運営スタッフに名を連ねている。アザムは前述したようにビンラディンのいわば〝師匠〟にあたる人物である。

ムハマドはその後、機械工学の知識を買われて、ゲリラの通信網を強化するための技術部門に転属されている。当時、ゲリラ用の数々の土木工事を実家の建設会社から持ち込んだ建設重機を使って行なっていたのがビンラディンだったが、ムハマドは後に「1987年頃にビンラディンと共闘していたこともあった」と語っている。同じ師匠の下で、両者は早い時期から接点があったのだ。

ただ、ムハマドはビンラディンが結成したアルカイダには加わっていない。ムハマド自身は「1989年にアフガニスタンで最後に会って以降、1996年に再会するまでビンラディンとは一切会っていなかった」と語っている。彼は1988年から1992年まで、共闘していたアフガニスタン・ゲリラの技術支援を行なっている。ただし、イスラム義勇兵人脈の一角にいたことは確かで、1992年にはボスニアの戦場に赴いたイスラム義勇兵を資金援助する工作に携わったうえ、短期間だが自ら実際にボスニアでの戦闘にも参加している。

その後、いったんパキスタンに戻った後、イスラム義勇兵を支援していたカタールの元イスラム相の斡旋でカタールに移住し、なんとカタール電力治水省の技術者の職を得ている。ムハマドはその後、カタール政府機関職員とテロリストという二足の草鞋《わらじ》をしばらく続けることになるのだ。

その頃、ムハマドのパートナーとして反米テロ作戦を実行しようとしたのが、甥のラムジ・ユセフである。彼もムハマドと同じくクウェート育ちで、以前から親しい関係にあった。彼はイギリスに留学して電子工学を学んだ後、パキスタンに渡り、ペシャワールの訓練キャンプで爆弾の技術を学んだ。

その後、ムハマドとユセフは米国内で大規模なテロを起こすことを計画した。ただし、テロには資金が必要だ。そこでムハマドはカタールで仕事をして資金を作り、ユセフがテロの実行役と分担を決めた。1992年9月、ユセフは渡米し、当時、イスラム系移民が多かったニュージャージー州に潜伏した。ムハマドとユセフは頻繁に電話連絡を取り合い、テロ計画を進めた。

ユセフは現地のイスラム社会に潜り込み、8人の仲間をオルグした。そして1993年2月、マンハッタンの世界貿易センタービルの地下駐車場に駐車していた車爆弾を爆発させた。このテロで6人を殺害、1000人以上を負傷させた。事件直後、ユセフは国外に逃亡。パキスタンのカラチへ飛び、そこからバルチスタン州の州都クエッタに向かって消息を絶った。

その後、ユセフの行動が明らかとなるのは1994年12月。フィリピンの首都マニラでの映画館爆破事件からである。ユセフは当時、マニラに仲間を集めてテロ・グループを作っており、爆弾の実験としてこの事件を起こしたのだ。仲間はクウェート時代からの友人のパキスタン人と、アルカイダに参加していたアフガニスタン人だった。

ユセフはさらに同月、爆弾を航空機に持ち込んで起爆する実験も行なった。カシオの腕時計を改造したタイマー、コンタクトレンズ洗浄液ケースに隠した液体爆薬、分解して靴底に隠した起爆装置でマニラ発セブ経由成田行きの航空機に乗り込むと、機内のトイレで組み立ててセブで降りたのである。爆弾は南大東島沖上空で爆発した。規模が小さかったから機体は飛行が可能だったが、日本人乗客1人が殺害された。

翌1995年1月、ユセフ一味がアジトにしていたマニラのアパートで、爆薬調合中に煙が発生。ユセフらが逃走した後、消防と警察により過激派のアジトと判明した。アパートからは爆薬、部品、製造マニュアルなどが押収されたうえ、大規模テロ計画を記したディスクが押収された。

そのテロ計画はきわめて大規模なものだった。東京・ソウル・台北・香港・バンコク・シンガポールから米国へ向かう航空機12機を一斉に爆破し、合計4000人を殺害するという恐るべき計画だったのである。これはまさに後の9・11テロの原形だった。

これらのラムジ・ユセフのテロを、ムハマドはカタールから支援した。しかし、航空機同時テロに失敗した後、彼はおそらく、〝やり残した仕事〟を1人で完結させなければならないと決意したのだろう。ムハマドはカタール政府での仕事の合間に、新たな対米テロの可能性を求めて、世界中を旅した。95年中にもスーダン、イエメン、マレーシア、ブラジルを訪ねているが、スーダンではビンラディンと会おうとして果たせず、代わりにアルカイダ軍事委員長ムハマド・アテフと会見している。

ところが、そうしている間にも、米情報当局は徐々にムハマドの存在に迫っていった。1

996年1月には、ムハマドをテロ容疑者として正式に起訴した。ムハマドは身に迫る危険を感じ、カタールからパキスタンに移住した。家族はカラチに居住し、自分は再びアルカイダに接近したのだ。

ムハマドはアフガニスタンを再訪すると、ムハマド・アテフの引き合いで、やはりスーダンからアフガニスタンに移住してきたばかりのビンラディンを、潜伏先のトラボラの洞穴群に訪ねた。このときビンラディンが、旧知ではあったが疎遠な関係だったムハマドと会おうと決めたのは、ムハマドがかの〝英雄〟であるラムジ・ユセフのパートナーだったからだった。

「世界の中心でジハードを叫ぶ」壮大なテロ計画

ビンラディンと面会したムハマドは、かねて温めていたアイデアを披露し、要員と資金を出してくれるよう掛け合った。彼がそのとき語ったその壮大なテロ計画とは、以下のような内容だった。

「米旅客機10機をハイジャックし、そのうち9機でニューヨークの世界貿易センタービル、バージニア州のCIA本部、国防総省、ワシントンのFBI本部、西海岸のカリフォルニア州とワシントン州の最高層ビル、原子力発電所などに体当たりする」

「ムハマド自身は最後の10機目に乗り、乗員・乗客のうち成人男性を全員処刑した後に空港に着陸。そこでメディア中継を要求し、華々しく米国非難の演説を行なう」話を聞いたビンラディンが、そのあまりのスケールの大きさから実現性に疑問を持ったのは当然のことだったろう。彼は結局、そのプランを「非現実的すぎる」として採用しなかった。

その代わりに、ビンラディンはそのときムハマドにアルカイダに合流することを提案している。ムハマドのアイデアは誇大妄想的なホラ話に見えたが、その熱意が本物であることは疑いなかったし、なにより米国留学や世界各地の旅行経験のあるムハマドの経験と行動力は、欧米を含む世界展開を考えていた当時のアルカイダでは貴重な戦力だった。

だが、ムハマドはこのとき、ビンラディンのこの申し出を断っている。ムハマドはそれまで華々しいテロ計画に手を染めてきており、いわば〝伝説のテロリスト〟を目指していた。ビンラディンの配下となるよりも、自分の才覚で独自の道を進みたいと考えていたのだろう。アルカイダは、自分のプランを実現するための要員と資金だけを出してくれればそれでいいのだ。

だが、組織のバックアップのないムハマドにやれることは少なかった。いろいろアイデアはあるのだが、それを実現する方途がないのだ。ビンラディンとの会見後、ムハマドはまた各地を旅行している。インド、インドネシア、マレーシアを回ったときは、マレーシアでインドネシアのイスラム過激派組織「ジェマア・イスラミア」の軍事司令官と会見している。

チェチェンのアラブ人義勇兵の司令官にも会おうとしたが、途中、アゼルバイジャンを通過できずに断念している。

結局、すべてうまくいかず、1998年前半の段階で再びアルカイダと接近し、メディア部門のコンピューター関係の手伝いをするということで、ムハマド・アテフ軍事委員長やセイフ・アデル防衛保安委員長らアルカイダの武闘派上級幹部に接近した。

そうこうしているうちに、アルカイダの海外浸透工作が徐々に軌道に乗ってきた。1998年8月、その先陣として前述したケニアとタンザニアでの米国大使館連続爆破テロが実行に移された。ムハマドはそのバックアップ要員として、事件直前にケニアに入国していた。ムハマドが正式にアルカイダのメンバーに加わったのは、その直後のことだった。ムハマドが後に語ったところによると、「アフリカのテロをみて、ビンラディンが本気で米国と戦おうとしていることがわかったから」だということだが、客観的にみれば、「単独行動では何もできなかったため、組織に参加することにした」ということだったのだろう。

アフリカでのテロの報復として、米軍はアフガンやスーダンに巡航ミサイルを撃ち込んでいた。アルカイダと米国は文字通りの〝交戦〟状態となり、アルカイダ側は猫の手でも借りたい状態だった。

ムハマドがかねて構想していた対米大規模テロ計画をビンラディンがようやく許可したのは、1998年末から1999年初め頃にかけてのことだった。これには、軍事委員長でアルカイダのナンバー3だったムハマド・アテフの口添えがあったという。その後、アルカイダの財務委員会からこの計画に支出された資金の総額は40〜50万ドルに達した。ムハマドの〝妄想〟がこうして実現に向かって動き出したのだった。

ムハマドは当初、コンピューター技術の腕を買われてアルカイダのメディア委員会に配属されていたのだが、対米テロの準備のために比較的独立した行動をとることが認められた。超大国・米国を敵にまわし、謀略戦を陰で指揮する——ムハマドがかねて夢見ていた理想の自分像がそこにはあった。しかも、ムハマドは「飛行機計画」と名づけられたこのテロ計画を進めるいっぽうで、イエメンやインドネシアなどでの他のテロ計画も推し進めた。

ところで、ムハマドの米本土攻撃計画は、プラン段階でさらに規模が拡大した。新規の標的としてホワイトハウスと連邦議会議事堂が追加され、また、米本土攻撃の直後には東南アジア発米国行航空機をさらに何機かハイジャックし、飛行途中で在日・在韓米軍基地に突入させるということまで検討された。

しかし、実際にハイジャック機を操縦するパイロットや、機内制圧を担当する戦闘員の調達人数には限界があることから、あまり規模を広げすぎると失敗する可能性が高いとビンラディンが判断したことで、アジアでの作戦や米国西海岸での作戦、ムハマド本人による演説作戦が中止され、東海岸の数ヵ所の重要目標攻撃に集中することとなった。なお、中止されたこれらの作戦のなかで、ムハマド本人がもっとも執着したのは、自らが参加するハイジャック機内からの演説中継作戦だった。世界中の人々の視線を一身に集め、まさに「世界の中心でジハードを叫ぶ」ことは、ムハマドの夢そのものだったからだ。

9・11テロを実行していく過程では、ムハマドとビンラディンの方針が食い違うこともままあったようだ。ビンラディンは実行犯の人選や攻撃目標の選定などで細かく口を出してきたが、この計画自体を〝自分のもの〟と思っているムハマドは、かなり自分の意思を通した形跡がある。たとえば実行日についても、ビンラディンは当初はイエメンでの米海軍イージス艦爆破テロから7ヵ月目にあたる2001年5月11日を指示。さらには、イスラエルのシャロン首相が訪米予定の同年6〜7月に決行するよう指示したのだが、ムハマドは「まだ準備が整っていない」としてそれを却下。結局、米議会が始まった後がいいということで9月11日に決めたという。

そして同年9月、9・11テロは実行された。米軍はアルカイダの壊滅を目指してアフガニスタンを攻撃し、タリバン政権を倒した。ビンラディンとザワヒリはパキスタンに逃亡し、姿を消した。ムハマドは2003年3月、パキスタンのラワルピンディの民家に潜伏していたところを、米情報当局の支援を受けたパキスタン治安部隊に拘束された。

9・11後のアルカイダの名声と衰退

2001年12月のトラボラの戦いでアフガニスタンを追われた後、ビンラディンらアルカイダの残党は、パキスタン西部の部族地域に身を潜めた。彼らは80年代の対ソ戦の頃から、この地方の部族とは緊密な関係を築いており、手厚い庇護を受けた。

アメリカはビンラディンに最高2500万ドルという多額の懸賞金をかけて、その行方を追ったが、それも成果をもたらさなかった。ビンラディンはその後、ときおり思い出したようにビデオ声明や音声声明を発表することはあったが、人前に姿を現すことはなかった。

しかし、9・11テロという凄まじい対米攻撃を成功させたアルカイダの名前は、いちやく世界中に響き渡り、その過激イスラム思想に共鳴する世界各地のイスラム過激派が、アルカイダに続けとばかりにテロを行なうようになった。そのほとんどは直接はアルカイダと関係しなかったが、なかにはパキスタンの部族地域を訪問し、アルカイダ幹部の訓示を受けたり、爆弾テロの訓練を受けたりした者もいた。

また、アルカイダはインターネットによる思想宣伝にも非常に力を入れていて、ネットを介して交流し、テロリストの道に入った者もいた。アルカイダは非常に優秀なメディア宣伝部門「アル・サハーブ」(雲)を有していて、単なるイスラム説法に留まらず、若者向けのまるで音楽プロモーション・ビデオのようなクールな宣伝ビデオまで制作し、イスラム圏の若者に対米ジハードをアピールした。

アルカイダの逆襲は、意外な場所で、意外な相手を狙って開始された。2002年10月、それはアルカイダ残党が潜むパキスタンから遠く離れたインドネシアのリゾート地・バリ島でのことだ。深夜、多くの白人観光客で賑わうクタ地区のナイトクラブにひとりの男がバックパックを背負って入店し、自爆した。店内は阿鼻叫喚の大騒ぎとなり、客たちは一斉に外に逃げ出した。20秒後、路上に停車していた車両爆弾が炸裂し、店から出てきた客たちと、周囲の建物を吹き飛ばした。死者は202人。日本人観光客2人も含まれたが、オーストラリア人の犠牲者は88人にも及んだ。

犯行はイスラム過激派組織「ジェマア・イスラミア」によるもので、首謀者は軍事司令官のハンバリ（本名リドゥアン・イサムディン）だった。彼は元アフガン義勇兵で、かねてアルカイダ系人脈と接点を持っていた。なかでも9・11テロの首謀者であるハリド・シェイク・ムハマドとは90年代後半から非常に親しい関係を結んでおり、ムハマドがアルカイダの海外テロ担当となった90年代末頃からは、ムハマドを通じてアルカイダから直接、テロ資金を受け取っていた。

9・11以降も、パキスタンに潜伏したムハマドの指示をハンバリは受けていた。2002年初めに「大規模なジハードをやってくれ」と資金を渡されていた。実行犯たちは当初、米領事館をメインの標的に考えていたが、警備が厳しかったため、場当たり的にソフトターゲットに主標的を変更した。バリ島のナイトクラブの客の多くはオーストラリア人だったが、彼らは「白人なら敵だ」と考えたのだ。なお、ハンバリはこのテロに先立つ2002年6月、アルカイダの東南アジア地区統括責任者に正式に任命されている。その後も、インドネシア国内でいくつものテロを首謀したが、2003年8月、タイ潜伏中にCIAに発見され、協力要請を受けたタイ警察に逮捕されている。

アルカイダに影響を受けたテロは他にも多発した。イスラム過激派による反米ジハードの気運は、2003年のイラク戦争以降、さらに高まった。パキスタンに潜伏中のアルカイダ幹部たちは、米国情報機関の追撃を恐れて自ら実際に動くことはほとんどなかったが、世界各地の反米ジハード志願者たちに影響を与え、彼らのテロを煽動した。

そのなかには、ビンラディンの母国であるサウジアラビアの若者たちもいた。アルカイダは彼らを通じてサウジ国内にアルカイダの事実上の支部を組織させた。アルカイダ指導部に公認された彼らは「アラビア半島のアルカイダ」(AQAP)と名乗った。

2004年5月、サウジアラビアでもテロが起きた。東部の商業都市アルホバルで、4人の武装した男たちが、外国人大企業駐在員用の高級住宅地を急襲したのだ。

襲撃された家のひとつに、たまたま日本の総合商社「双日」の駐在員の自宅があった。駐在員本人はその日、出張中で家を留守にしており、高校生の長女もすでに登校した後だったが、駐在員の妻が在宅していた。異変を感じた彼女は、とっさに物置に身を隠して危うく難を逃れたが、電球の交換のために偶然居合わせていたフィリピン人の管理人は逃げる間もなく銃撃され、重傷を負った。この日、殺害されたのは合計22人で、そのほとんどが欧米人かアジア人——つまり〝非イスラム教徒の外国人〟だった。

犯行は「アラビア半島のアルカイダ」によるものだった。同グループはその後もサウジ国内でテロを続けたが、米情報機関の支援を受けたサウジ当局の厳しい取り締まりに抑えられ、2009年には本拠地をイエメンに移した。同年12月には、オランダからアメリカに向かう航空機に爆弾を仕掛けようとした爆弾テロ未遂事件を、2010年10月にはイエメン発アメリカ行き貨物機爆破テロ未遂を起こしている。

他方、イラク戦争は世界各地で自発的な反米テロを誘発したが、そのなかにはパキスタンにいるアルカイダ幹部と接触し、その指導を受けた者たちもいた。そうした海外のテロ細胞のひとつは、イギリスで誕生した。イギリスにはパキスタン系を筆頭に、多くのイスラム系移民が住んでいたが、9・11テロ以降、そうした移民たちが差別を受けるケースが増えてきた。それに反発するイギリス生まれの2世・3世に、アルカイダを崇拝する若者たちが出現し、移民社会のイスラム施設を媒介してグループ化されていった。

そんなグループのなかに、爆弾テロ訓練を受けて帰国した青年がいた。彼が他の3人の仲間を誘って、ロンドンで自爆テロを起こした。2005年7月のことだ。彼らはロンドン市内の3ヵ所の地下鉄と、走行中のバス車内で自爆し、計52人が死亡する大惨事となった。

イギリスでテロを企てたのは彼らだけでなかった。2006年8月、英当局は大規模な航空機連続爆破テロ計画を摘発した。イギリスから米国に向かう航空機10機以上を自爆テロで連続して爆破するという計画だった。犯人たちは、スポーツ飲料などのペットボトルに液状爆発物を隠して機内に持ち込み、使い切りカメラのフラッシュ装置を電源にして起爆させることを計画していた。これはまさに1994年にあのラムジ・ユセフがフィリピンで実験した爆破テロの再現といってよかった。首謀者は当時25歳のパキスタン系イギリス人で、2002年にパキスタンを訪れ、アルカイダ工作員になったとみられる。事前に摘発できたのは、英当局がパキスタンに繋がる怪しい人脈を長期間、監視していたからである。

このように、2001年の9・11テロと2003年のイラク戦争の影響で、世界各地でアルカイダに共鳴したイスラム過激派のテロが相次いだ。米政府は「テロとの戦い」を掲げ、アルカイダとそのシンパたちを根絶しようと軍や情報機関が全力を挙げた。特にアフガニスタンとイラクには大規模な米軍部隊を投入し、タリバンやイラク民兵各派と熾烈な戦いを続けた。イエメンやパキスタンなどでは無人機による攻撃も頻繁に行なった。

こうした米当局の攻撃で、アルカイダは急速に弱体化した。タリバンやイラク民兵は米軍に多大な損害を与えていたが、アルカイダ本隊はほとんど逆襲はできず、衰退していった。国際テロ組織としてのアルカイダは、実績をみるかぎり、9・11を最後にほとんど力を失った。

2000年代半ば以降、中東での反米系イスラム過激派勢力の主導権は、アルカイダから「イラクのアルカイダ」に移った。「イラクのアルカイダ」については第1章で詳述したが、イラク駐留米軍にテロ攻撃を続けたヨルダン人テロリストのアブ・ムサブ・ザルカウィが、イスラム過激派界のブランドとしてアルカイダを名義借りしたもので、アルカイダ本隊とは組織的な繋がりはほとんどなかった。ザルカウィは2006年に米軍に殺害され、その後、組織はイラクのイスラム過激派が受け継ぎ、後にIS（イスラム国）になった。

なお、ビンラディン本人は9・11テロの後、しばらくパキスタン北西部の部族地域に潜伏したが、その間、2003年よりイスラマバード北東でパキスタン軍士官学校のあるアボタバード市内に邸宅を建設しはじめ、2005年に完成。2006年1月より、そこに密かに潜伏していたとみられる。

2011年5月、米軍特殊部隊に急襲され、殺害された。アルカイダのトップはアイマン・ザワヒリが継いだが、特に大きな活動をすることはなかった。2022年7月31日、ザワヒリはアフガニスタンでCIAの無人機攻撃で殺害された。現在の3代目司令官は、元エジプト軍将校で、アルカイダ草創期からの防衛保安委員長だったセイフ・アデルである。アデルはイエメンの「アラビア半島のアルカイダ」と人的関係が深い。両組織ともに今は往年の勢力はないが、今後、接近する可能性がある。

第9章

ハマス軍事部門の真相

パレスチナ抵抗運動の中心は左翼からイスラムへ

パレスチナ側によるイスラエルの占領に対する抵抗運動は、1964年に創設されたパレスチナ解放機構（PLO）が主導してきた。イデオロギー的には中道左派で世俗主義の「ファタハ」が中心で、他に左翼系の「パレスチナ解放人民戦線」（PFLP）や、その分派の「パレスチナ解放民主戦線」（DFLP）などが中心だった。

しかし、1982年のイスラエル軍によるレバノン侵攻でPLO／ファタハ主力がレバノンを追われた後、闘争が低迷。1987年12月、パレスチナでイスラエルへの占領に抵抗する住民の大規模な投石闘争、いわゆる第1次インティファーダ（蜂起）が発生した際、抵抗運動の一角としてイスラム勢力が大きく支持を伸ばした。インティファーダはイスラエル軍・治安部隊に弾圧されたが、それに対する抵抗として、今度はイスラム組織が怒濤の自爆テロを開始する。イスラエルに侵入した個人が、広場やバス停などで自爆するのだ。

自爆テロというテロ手段は、80年代にシーア派イスラムであるレバノンのヒズボラが常套手段としたものだが、それがスンニ派イスラムのパレスチナ系組織に導入され、90年代半ばに急速に普及していった。殉教思想という点では、シーア派とスンニ派では明らかな温度差があるのだが、実際に肉親を殺害された経験者の多いパレスチナでは、そこかしこに行き場のない復讐心が渦巻いており、それがこうしたテロの原動力となった。つまりパレスチナでは、〝聖戦〟のリアリティが段違いなのだともいえた。

パレスチナのイスラム運動は本来、モスレム同胞団パレスチナ支部が担ってきた。ヤセル・アラファトも青年期にはエジプトでモスレム同胞団と関係があったが、初期のPLO幹部にはモスレム同胞団の活動家出身もいた。

だが、ゲリラ各派が実際に戦闘し成長していくなかで、主力は左翼系・民族系が占める。60～70年代、過激なテロ路線で反イスラエル武装闘争をリードしたのはファタハやPFLPであり、反共を優先するモスレム同胞団は、左翼色の強いPLOを牽制して、政治的にはむしろ保守路線をとった。そのためエジプトのモスレム同胞団本部やサウジアラビアの財団からの援助は、もっぱらモスク建設や慈善活動に使われた。反イスラエル闘争で主役として前面に出る機会はあまりなかったのだ。

そうした同胞団の姿勢には、当然、反発する者も出てくることになる。そんな中から、1

979年のイラン・イスラム革命に触発されてモスレム同胞団から分派したのが、1980年にガザで創設された「パレスチナ・イスラム聖戦」（PIJ）だった。創設者はアブドル・アジズ・ウダとファティ・シャカキである。

PIJは、1981年10月のサダト暗殺を受けてエジプト政府がカイロのパレスチナ人学生を大量にガザに追放したことから、勢力を拡大した。ガザを本拠に地下組織として活動しながら、エジプト、ヨルダン、シリアにも拠点を確立。PLOが和平路線に傾きだすと、全面的にシリアの支援を受けるようになった。

1987年12月に始まった第1次インティファーダについては、当初は静観していたのだが、1989年秋より本格的に参入した。とくに海外活動に力を入れ、1990年2月にはエジプトで観光バスを襲撃し、イスラエル人9人を含む11人を殺害。1991年9月には、テロ目的で入国しようとしたメンバーがエジプト当局に逮捕された。イスラエル当局の追撃により、1991年中には本部をガザからシリアのダマスカスに移動している。その後、ヨルダンのアンマンを拠点とする穏健派とダマスカスを拠点とする過激派に分裂し、テロ活動は過激派であるシャカキ派が行なうこととなった。

政治部門と軍事部門を分離したハマスの巧妙な組織運営

他方、「ハマス」（イスラム抵抗運動）は、第1次インティファーダの発生の直後、闘争に参加するためにモスレム同胞団の有志が別動組織として設立したが、急速に高まった民衆蜂起の中で瞬く間に本体の同胞団を呑み込んでしまったという経緯で成立した組織である（ハマスは創設日を第1次インティファーダ発生直後の1987年12月14日としている）。創設の中心となったのはアフマド・ヤシンで、彼は1988年8月に「ユダヤ人に対する聖戦」を宣言。インティファーダ闘争指導部を設立した。ハマスは1989年5月にイスラエルに対する最初の攻撃を行ない、2人の兵士を誘拐して殺害した。イスラエル軍は活動家260人とともにヤシンを投獄した。

1991年1月に始まった湾岸戦争も、ハマスの急成長に一役買った。モスレム同胞団とのライバル関係からそれまでPLOをメインに支援していたサウジアラビアが、イラク寄りの発言を繰り返したアラファトに腹を立て、支援相手をハマスに変えてしまったのだ。ハマスの側も、これを巧妙に利用した形跡がある。ライバルであるPLOとの主導権争いに勝利するため、あえてサウジ批判を控えたのだ。そのため、いっきに潤沢な資金が流れ込んだハマスは、組織基盤を整備し、地下抵抗運動のための兵員・武器を充実させることができた。先行のPIJがいつまでもシャカキ派による〝セクト〟の域を脱せずにいるなか、ハマスはいちやくパレスチナ抵抗運動の主役に浮上したのである。

当時のハマスの主な資金源は、サウジアラビアのイスラム系各財団、サウジアラビア情報部、海外パレスチナ人、イランからだったが、なかでもサウジアラビアからの支援が中心だった。米国やイギリスなどに支部があり、そこからの資金も流入していた。

その頃、ハマスはひとつの方針を取り入れた。目に見える行動、つまり政治運動や慈善活動、あるいは投石デモなどを指導する〝政治部門〟と、目に見えない行動、つまり地下に潜行してテロを行なう〝軍事部門〟とを分離したのだ。この時期から、ハマスのテロ活動は組織化され、次第に大規模なものになっていくのだが、じつはこうした組織運営のおかげで、テロ部隊は潤沢な軍資金を獲得しながら、完全な秘密部隊として効率的にテロを遂行できるようになっていったのである。

1991年に始動したハマスの正式な軍事部門は「イッザディン・アル・カッサム旅団」と名けられた。組織名は、第2次世界大戦前に活躍して殉教者となったシリア出身の反ユダヤ活動家の名前に因《ちな》んだものである。

軍事部門といっても、カッサム旅団は完全に対イスラエル・テロ闘争のみを行なう部隊だった。カッサム旅団のメンバーの正体は、完全な秘密事項とされた。強力なイスラエル情報機関から逃れるため、細胞単位で活動したが、そのひとつがヨルダン川西岸北部を拠点とする別働隊「アブドラ・アザム部隊」だった。アブドラ・アザムは第8章で解説したように、パキスタンでアフガン義勇兵の組織化を指揮したことで知られるヨルダン人である。

ハマスとPIJがイランの影響下に

こうした動きに、イスラエル治安当局は取り締まりを強化した。たとえば1992年12月には、ハマスとPIJの活動家423人を陸路レバノンに追放するなどの措置をとった。結果的には、このイスラム過激派のレバノン追放が、新たなテロ予備軍を大量に作ってしまった。パレスチナのイスラム過激派が、シーア派過激派のヒズボラと本格的に共闘するきっかけを与えてしまったからだ。

湾岸戦争でサウジアラビアのイスラム過激派支援がストップした隙に、イランはスンニ派組織のさらなる取り込みを図っていたが、このイランの戦略にぴたりとマッチしたのが、このときのハマスとPIJだった。イスラエル当局の締め付けが強化されていた1992年10月、ハマス代表がテヘランを訪問し、イランの支援を取り付けていたのだが、これを受けたイランは、直接的には配下のヒズボラに彼らへの支援を指令。これによってハマスとPIJは、レバノン内のヒズボラ・キャンプで軍事訓練を行なうようになったのである。こうしてイラン＝ヒズボラの殉教思想が、ハマスとPIJに強烈に植え付けられたのだ。

一方、1993年、PLOとイスラエルは電撃的和解「オスロ合意」を結んだ。互いに存在を認め合い、将来的な2国家解決に向けてパレスチナの暫定的自治を認める合意だった。アラファトが主導したこうしたイスラエルとの和解を歓迎するパレスチナ人もいれば、批判するパレスチナ人もいた。ハマスは国内随一の対イスラエル抗戦派という看板を手に入れ、さらに支持を増やしていった。ハマスは一大政治勢力として確固たる地位を占めるようになったのである。

ハマスには対イスラエル闘争の強硬派から穏健派までさまざまなグループがあったが、強硬派は国外の活動家が多かった。そもそもハマス最高指導部は高位聖職者の集まりである「シューラ評議会」で、議長はガザ在住のアフマド・ヤシンだったが、シューラは実質的な抵抗闘争の指導部ではなく、事実上の指導部は1992年に創設された「政治局」が担った。ちなみにヤシンは2004年3月にイスラエル軍の武装ヘリによって暗殺されるまでシューラの議長だった。ヤシン暗殺後にアブデルアジズ・ランティシが跡を継いだが、1か月も経たない翌4月に彼も暗殺されている。

とにかく指導者は常にイスラエル軍の標的となるため、政治局は国外に置かれた。初代政治局長は米国在住のムーサ・アブ・マルズークで、ハマス米国支部から組織を采配したが、実際にはアンマン支部の発言力が強かった。アンマン支部のリーダーは1990年からアンマン在住のハリド・メシャールで、彼も政治局創設幹部だったが、強硬派のリーダーで、ハマス政治局の強硬路線を牽引した。彼がハマス指導部内でカッサム旅団の闘争路線を支援したとみられる。

カッサム旅団の当時の詳細は不明だが、テロのための爆弾製造などの訓練にあたっては、ガザ地区内ではイスラエルの監視があって難しく、PIJとともにレバノン、シリアそしてイランに密かに戦闘員を派遣し、ヒズボラおよびイラン工作機関「コッズ部隊」から指導を受けていたとみられる。

イランは90年代前半より、スンニ派も含めた海外のイスラム過激派とのネットワーク作りを強化していた。資金を提供し、戦闘員の訓練を行なったのだ。カッサム旅団とPIJはパレスチナ組織なのでスンニ派だが、レバノンなら活動拠点にしやすく、徐々にヒズボラとの関係は強化されていった。とくにPIJはコッズ部隊と全面的な協力関係を結ぶ。コッズ部隊はPIJをパレスチナにおける事実上の下部組織のようにしていった。PIJはレバノンのヒズボラ支配地域を拠点とし、勢力は大きくないながらも、ガザおよびヨルダン川西岸のジェニンとその周辺地域に活動拠点を確立した。

他方、カッサム旅団はサウジアラビア等の支援を受ける大衆組織であるハマスの一部門なので、コッズ部隊との関係は限定的ではあったが、やはり軍事支援はコッズ部隊から受け、ヒズボラとの関係が深まった。ヒズボラは80年代より、殉教と称した自爆攻撃を多用していたが、カッサム旅団も、対イスラエルの抵抗の手段として、やがて自爆テロを多用するようになっていった。

自爆テロ攻勢を続けるハマスとファタハの決裂

そもそもスンニ派イスラムのカッサム旅団がどのきっかけで、実際に自爆テロの道を選ぶようになったのかは不明だ。ただ、イラン＝ヒズボラと接近したカッサム旅団は、イスラエル当局の猛烈な追跡を受けており、1993年から1994年にかけての時期、両者はすでにすさまじい戦いのなかにあった。当時のカッサム旅団司令官にしても、ハミド・クリナウィが1993年10月、イマド・アケルが同年11月と次々とイスラエル軍に殺害されている。戦力でイスラエル軍に敵わないカッサム旅団は、一矢報いるために自爆テロを採用したのだろう。

1994年2月に発生した「ヘブロンの虐殺」事件の衝撃も大きかった。この事件は、極右ユダヤ主義テロ組織「カハネ・ハイ」のテロリストが、ヘブロンのアル・イブラヒム・モスクで自動小銃を乱射し、29人を殺害した事件だった。それがカッサム旅団の自爆テロの引き金になったようだ。

カッサム旅団が怒濤の連続自爆テロを仕掛けたのは、1994年10月からだ。初めはテルアビブのバス車内で遂行され、続いて同年11月にガザ、1995年1月にネタニヤ（PIJが実行）、同年4月にガザ（PIJが実行）、7月にテルアビブ、8月にエルサレム、とそれは続いた。

その間、当然、イスラエル治安当局によるイスラム過激派狩りも行なわれた。カッサム旅団司令官タヘル・カフィシナフが1995年6月にイスラエル軍特殊部隊により殺害されると、同年10月には、PIJ司令官ファティ・シャカキが、なんと滞在先のマルタでイスラエル情報部により暗殺される。さらに1996年1月には〝カッサム旅団で最も危険なテロリスト〟と言われ、当局が血眼でその行方を追っていた爆弾製造専門家ヤヒヤ・アヤシュ（通称・エンジニア）がガザに潜伏中、ついにイスラエル情報部の暗殺工作により爆殺された。

アヤシュ暗殺は、結果的に自爆テロの火に油を注いだかたちとなった。アヤシュの配下たちが「ヤヒヤ・アヤシュ門下生」という組織名を名乗り、同年2月から3月にかけてのわずか2週間の間に、エルサレムやテルアビブ、アシュケロンの連続4件の自爆テロで計65人を殺害したのである（1件のみPIJとの共同作戦）。

これらの集中的な無差別テロに、イスラエル当局だけでなくパレスチナ警察も捜査に乗り出したが、その結果、イランからカッサム旅団に数百万ドルの資金援助が行なわれていたことが突き止められ、アラファトもイランを名指しで非難する事態となった。

イスラエル当局は800人以上の容疑者を逮捕。連続自爆テロはひとまず収まった。その後もイスラエル当局によるカッサム旅団狩りは続けられ、4月には副司令官アドナン・グール、5月には連続自爆テロの主犯ハッサン・サラメが逮捕されている。

1994年から本格的にスタートし、1996年2〜3月に大きなピークを迎えたカッサム旅団の自爆テロは、本家ヒズボラを尻目に、その後も止むことはなかった。狙われたのは、ほとんどが休日のスーパーマーケットだったり、満員のバスだったりと、およそ軍事目標とはいえない標的だった。

自爆テロ攻勢がスタートした当初は、指令者はともかく、実際に身体に爆弾を巻いて散っていく実行犯は、その多くが組織に一本釣りされた〝肉親をイスラエルに殺された遺族〟だった。オルグは、ヘブロン周辺のダヒリア、ファウワル難民キャンプ、ジェバリア難民キャンプなどでしばしば行なわれた。しかし、それがいつしか〝普通のインテリ学生〟が加わるようになっていった。

なお、カッサム旅団の強硬路線を、ハマス指導部内で支援していたアンマン支部のハリド・メシャールは1996年に2代目のハマス政治局長に就任した。彼は2017年までの長期にわたって政治局長を務め、ハマス内の強硬派を率いた。

1997年9月、メシャールはハマスのアンマン支部の前でモサドの工作員に毒物で襲撃された。ヨルダン国王の尽力でメシャールは一命を取り留めた。しかし、1999年、メシャールらハマス政治局はヨルダンを追放される。メシャールたちがイランとの関係を深めるなどしたため、ヨルダンは彼らの存在がイスラエルとヨルダンの関係に害をなすと判断したのだ。メシャールたちはいったんカタールへ移転し、2002年にシリアに再移転した。

他方、イスラエルとファタハ主導のパレスチナ自治政府（PA）の和平交渉は進まなかった。イスラエル側に反対派も多く、和平派は政治の主導権を握ることができなかった。1995年11月に和平反対派の宗教極右派にラビン首相が暗殺される事件もあったが、それ以外にも対パレスチナ強硬派の影響力は強く、2国家解決は進まなかった。ハマスのテロやヒズボラによる攻撃もあった。90年代後半は右派リクードのネタニヤフ政権で、PAの暫定自治も範囲は限定された。ネタニヤフ政権下のヨルダン川西岸地区ではユダヤ極右派による入植の拡大も続いた。

2000年7月、米国でイスラエルのエフード・バラク首相とアラファトPA議長の交渉が行なわれたが、決裂。その直後の同年9月、リクード党首で外相のアリエル・シャロンが、武装警察1000人を連れて東エルサレムの「神殿の丘/アル・アクサ・モスク」に出向いたことにパレスチナ人が猛反発し、第2次インティファーダが始まった。第1次よりずっと激しい闘争になり、ハマスのみならず、ファタハからも武闘派がゲリラ部隊「アル・アクサ殉教者旅団」を作って激しい武力抵抗を続けた。

ハマスとPIJは再び激しい自爆テロを続けたが、アル・アクサ殉教者旅団も自爆テロを多用した。彼らは世俗派ゲリラであるファタハのグループだったが、敬虔なイスラム教徒ではある。ハマスが90年代に多用した自爆攻撃の手法が、ファタハにも伝播したのだ。なお、アル・アクサ殉教者旅団はアラファトPA議長と直接関係があったが、2004年11月にアラファトが死去し、マフムード・アッバスがPA議長(兼PLO議長・ファタハ議長)を継承し、2007年に武装民兵禁止令を出したことで、ファタハの公式武装部門を離脱することになる。

第2次インティファーダは2005年まで続くが、その間、イスラエル側は2001年2

月に政権に就いたアリエル・シャロンがパレスチナ側への締め付けを強化。軍事的にも前述したように2004年3月にハマスの指導者アフマド・ヤシンを殺害し、その後継者となったアブデルアジズ・ランティシを翌月に殺害するなどの攻撃を続けた。また、その一方で2002年からはヨルダン川西岸に分離壁を建設するなど、パレスチナ地域の分離政策を進めて、2005年9月にはガザ地区からも撤退した。

そんななか、2006年1月のパレスチナ議会選挙で、ハマスがファタハに大勝し、単独過半数の第1党になった。パレスチナ自治区ではハマス主導の内閣が発足したが、アッバス議長のファタハと対立。ハマスとファタハは内部抗争に陥り、2007年6月、ガザ地区でハマスはファタハを放逐する。ファタハ側はヨルダン川西岸地区で自治政府からハマスを追放。パレスチナは、ガザ地区をハマスが支配し、ヨルダン川西岸地区をアッバスPA議長派が支配するように2分された。

封鎖されたガザ地区からのロケット弾攻撃へ

その後、イスラエルでは2009年3月に再びネタニヤフが首相に就任し、長期政権を敷いた。イスラエルは完全にパレスチナを締め付ける政策を進め、2国家解決への融和は事実上、完全に閉ざされた。ガザもヨルダン川西岸も隔離され、人々は閉じ込められた。ユダヤ極右派によるヨルダン川西岸での暴力的な入植拡大は続けられ、反発する地元パレスチナ人の反対運動はイスラエル軍に弾圧された。

対するパレスチナ側は、ヨルダン川西岸地区を統治するPAは、自治地域も一部に制限され、イスラエルへの抵抗がほぼできなくなった。ジェニンなど西岸地区の北部の一部地域などで、PIJやファタハ強硬派の抵抗はあったが、戦力差は圧倒的で、一方的に弾圧された。パレスチナの抵抗運動は主に、ガザ地区からになった。ガザは実質的に封鎖された状態だったが、イスラエル軍が撤退した後はハマスが統治し、カッサム旅団やPIJなどゲリラがいわば〝聖域〟とした。上空からはイスラエル軍機・ヘリ・無人機などが監視しているが、ハマスはガザにトンネル網を建設し、地下に武器製造所・保管所を作って武装化した。

2007年来、エジプトとの陸路の国境も厳しく管理され、海上もイスラエル軍にほぼ封鎖されているが、ハマスはエジプト間に建設した地下トンネルでの密輸で物資を補給した。2011年の「アラブの春」の後、2013年のクーデターでエジプト政府の実権を握ったアブドルファッターフ・シーシが翌2014年に大統領に就任し、シーシ政権が誕生すると、ガザとの地下トンネルを破壊。それでもハマスは残された地下トンネルでの密輸や、イスラエル軍の監視を掻い潜った海上密輸を細々と続けたようだ。

2010年代に入り、カッサム旅団やPIJは自前のロケット弾を製造し始めている。そして、対イスラエル攻撃も、かつての自爆テロのような攻撃から、ガザ地区から壁を越えて飛ばすロケット弾による攻撃にどんどん変わっていった。2010年代、彼らの作るロケット弾の性能は進化を遂げ、射程が延長されてイスラエル側の奥まで到達するようになっていった。

こうしたガザからのロケット弾攻撃に、イスラエル側は激しいガザ空爆で応じた。カッサム旅団やPIJのロケット弾攻撃によるイスラエル側の被害は限定的だったが、イスラエル側の報復による被害は常に甚大だった。それでもカッサム旅団とPIJはロケット弾攻撃を繰り返し、イスラエル軍は報復空爆を繰り返した。2014年には大規模なイスラエル軍地上部隊の侵攻による報復も行なわれた。

このように、長いイスラエルとパレスチナの対立は、軍事的な流血の部分でみれば、2010年代以降はほぼ2つになる。ヨルダン川西岸地区でのユダヤ教極右入植者とイスラエル軍・治安部隊による暴力的な支配の強化と、ガザ地区のハマス軍事部門・カッサム旅団とPIJによるロケット弾攻撃とイスラエル軍の報復の攻防戦だ。つまり、流血の抗争を引き起こしている〝元凶〟は、ユダヤ教極右勢力とイスラエル政府、そしてハマス軍事部門とPIJということになるのだ。

なお、2010年代にカッサム旅団とPIJがこうしてロケット弾の戦力を強化した裏には、ヒズボラとイラン工作機関がいる。そしてそこには、ハマスの武装闘争を牽引してきた人物と、イランの対外工作を仕切ってきた人物の強固な連携があった。その知られざる裏のネットワークは、後に2023年10月のガザの奇襲テロにも結び付くのだが、それについては終章で詳述したい。

第10章 イスラム国成立とスンニ派過激主義の盛衰

イラク戦争後のイラクの勢力図

中東の紛争の構図は、2003年に大きく変化した。米国がイラクを攻撃し、サダム・フセイン独裁政権を打倒したのは同年3月。しかし、スンニ派とシーア派、さらに北部のクルド人の勢力が拮抗しているイラクで、米軍は旧政権の統治システムを破壊したことで治安維持に失敗。米軍を中心とする連合軍が駐留しながらも、スンニ派とシーア派の双方の民兵組織が乱立して殺戮の応酬となり、ほぼ破綻国家のような状況になってしまったからだ。

当時のイラクの勢力関係を大まかに見ると、最高権力は米軍・連合軍で、そこと協力関係にあったのが、新生イラク政府とクルド勢力だった。うちクルド勢力は長年の旧サダム・フセイン政権との闘争で自前の組織がすでにあり、北部のクルド人居住エリアにクルド自治区を創設。実質的な自治を確立した。

新生イラク政府は脆弱だった。出生率などの違いから、人口比でイラクはシーア派が多数派になっていたのだが、旧サダム政権はスンニ派政権で、多数派のシーア派が弾圧されていた。しかし、サダム政権打倒後、新政府はシーア派主導になった。ところが、スンニ派の支持は当然ないどころか、同じシーア派でも新政府の威光はほとんどなかった。実際には、反米かつ反スンニ派を掲げるいくつものシーア派民兵が各地で実権を握っていた。イラクのシーア派政権は米軍・連合軍と協力関係にあったが、シーア派民兵は米軍・連合軍にときにテロ攻撃をしかけた。また、それ以上にこれまで自分たちを弾圧してきたスンニ派居住エリアを攻撃もした。

こうしたシーア派民兵には大きく2つの勢力があった。ひとつは高位聖職者の家系で独自の勢力を持つムクタダ・サドルのサドル派だった。旧サダム時代はイランと良好な関係にあったが、サダム打倒後はイランの言うなりにはならず、独自の勢力を保持した。

もう一つは、イランの強い影響下にあった民兵である。イランでは革命防衛隊の工作機関「コッズ部隊」が、この機会にイラクのシーア派民兵を組織化しており、イランの傀儡といっていい手下の勢力を作っていた。この親イラン派のシーア派民兵はコッズ部隊の指導できわめて戦闘的な性質を持っており、駐留米軍およびスンニ派住民に激しいテロを仕掛けた。

ただし、親イラン派民兵も人脈的には新生イラク政府とさまざまなルートで繋がっており、なかにはイラク政府軍の末端に連なった部隊もあった。米軍と新生イラク軍は、連携はしていたが、末端では微妙な関係もあった。いずれにせよ、問題はこの親イラン派民兵がスンニ派住民を襲撃することで、イラクでは宗派対立が先鋭化した。

他方、スンニ派のほうにも過激なゲリラがいくつもあった。ひとつは、地下に潜伏した旧サダム政権軍・情報機関の残党だ。彼らにとっては米軍は侵略軍であり、ゲリラ攻撃の標的だった。

もっとも、スンニ派には彼らより先鋭的な武装集団があった。イラク戦争開戦前、米軍からサダム政権を守るために、多くの反米義勇兵が主にアラブ圏の各国から集まっていた。彼らの主流には「イスラム教徒を異教徒から守る」と考える者も多く、世界中のイスラム圏から戦闘員が参加していた。彼らのほとんどはスンニ派だったが、この義勇兵の残党が旧サダム政権崩壊後もイラクに残り、米駐留軍への抵抗闘争を始めていた。また、前述したようにイラク国内で宗派対立が先鋭化していたため、シーア派エリアを襲撃したりもした。こうしてスンニ派民兵も多く誕生していたが、そのほとんどは義勇兵残党が主導しており、そこに旧サダム派残党がときに参加したり、あるいはシーア派民兵に攻撃された地元イラク人のスンニ派の志願兵などが参入したりした。

まとめると、イラク戦争後のイラクでは、クルド勢力が早々に自治を獲得した北部のクルド自治区を除き、①米軍・連合軍②シーア派イラク政府・政府軍③親イラン系シーア派民兵④サドル派（非・親イラン系シーア派民兵）⑤スンニ派武装勢力、が乱立していたといえる。

スンニ派武装勢力「イラクのアルカイダ」が「イスラム国」に

このうち、もっとも駐留米軍に激しいテロ攻撃を仕掛けていたのが、スンニ派武装勢力だった。イラク新政府はシーア派が主導しており、米軍とは原則的に協力関係にある。サドル派は自派の勢力圏に外国の異教徒軍が入ってくることには断固抵抗するが、そうでなければさほど反応はしない。コッズ部隊が裏で糸を引く親イラン派民兵は、米軍へのテロ攻撃も行なったが、コッズ部隊のソレイマニ司令官の狙いは反米よりも、この機会にイラクのスンニ派地域にも勢力を浸透させ、イラクのより広いエリアをイランの勢力圏にすることだった。

その点、義勇兵残党が主導するスンニ派民兵は、イスラム聖戦主義を掲げ、米軍を第一の標的として攻撃し続けた。駐留米軍の主敵は、自爆テロを常套手段とするスンニ派武装勢力だった。スンニ派武装勢力もさまざまあったが、その中で最も激しい戦いをしていたのが、ヨルダン人のテロリストであるアブ・ムサブ・ザルカウィを中心とするグループだった。

ザルカウィは80年代末にアフガニスタンで短期間、イスラム義勇兵として活動した後、ヨルダンで王制打倒闘争を始め、自身の組織「ジュヌド・アル・シャムス」（太陽の軍隊）を旗揚げ。その後、1999年に組織名を「タウヒード・ジハード団」と改称した。ちなみに、タウヒードとは、一神教であるイスラム教のもっとも重要な概念である「神の唯一性」を意味する言葉である。

そして、ほぼ同時に再びアフガニスタンに渡り、自身のテロリスト訓練キャンプを設立するとともに、アルカイダと接触し、関係を深めた。2001年の9・11テロの後、イラン潜伏を経てイラクに入り、イラク戦争後、アンバル県のファルージャを拠点に、スンニ派の過激派を集めて駐留米軍へのテロを主導した

タウヒード・ジハード団は米軍だけではなく、シーア派住民を標的にしたテロも活発に行った。前述したように、当時はシーア派民兵によるスンニ派住民へのテロも激化していて、両宗派は宗派抗争に陥っていたが、タウヒード・ジハード団は民間人への攻撃の残虐性が際立っていた。

タウヒード・ジハード団は2003年の早い段階から自爆テロを多用していたが、翌2004年になると、外国人の誘拐と処刑を頻繁に行なうようになった。タウヒード・ジハード団は人質をタテに米軍撤退を要求するビデオ映像を公開し、受け入れられないと人質を処刑した。処刑には斬首の手法がしばしばとられ、その様子もまた映像で公開した。後のIS（イスラム国）の手法の原型が、すでにこの時点であった。

また、ヨルダン人のザルカウィがトップにいたように、タウヒード・ジハード団は元アフ

ガン義勇兵など近隣アラブ諸国から参入した外国人戦闘員が多い組織だった。彼らは地元の部族勢力とは一線を画す「外様」的な存在でもあったが、その点も後のISに受け継がれている。いずれにせよ、こうした派手なテロ戦術により、スンニ派過激派の中でも、ザルカウィの存在感は突出していった。

ザルカウィは9・11以前からオサマ・ビンラディンと関係があったが、彼自身はビンラディンの配下ではなく、独自の活動をしていた。しかし、イラクで反米闘争を続けているうちに、アルカイダを中心とする中東アラブ地域の過激派ネットワークとの連携に動いていく。自らの正統性のため、イスラム聖戦界のビッグネームであるアルカイダの名前が欲しかったのだ。

ザルカウィは2003年中にアルカイダ指導部に書簡を提出しているのだが、この書簡のコピーが2004年1月に米軍が拘束したタウヒード・ジハード団の兵士から押収されている。ザルカウィはそこでアルカイダ指導部には敬意を表しており、指示を仰ぐような書き方をしてはいるが、ところどころ「対等な立場」の相手に対する表現も使われていた。ザルカウィはどうも自らをアルカイダの配下とは実は認識していなかったようなのだ。

それでもザルカウィとビンラディンは連携を合意し、2004年10月、ザルカウィは自身をイラクにおけるアルカイダ代表であると表明すると、組織名をタウヒード・ジハード団から「イラクのアルカイダ」（AQI）に改名した。その頃から、国際メディアでもザルカウィはビンラディン、アイマン・ザワヒリに次ぐアルカイダのナンバー3であるというように伝えられることが増えたが、実際には「イラクのアルカイダ」はアルカイダ本体とはほとんど連携していなかった。ちなみに、当時、米政府はザルカウィの情報に2500万ドルの賞金をかけている。これは賞金としては最高額で、ビンラディンと同額になる。なお「イラクのアルカイダ」は発足直後の同月、イラクで拉致した日本人旅行者を人質に日本政府に自衛隊撤退を迫り、拒否されると斬首処刑している。

ザルカウィの組織がアルカイダのイラク代表となったことで、ザルカウィはますますスンニ派過激派の間で求心力を高めていく。2005年9月、ザルカウィはイラク政府軍がスンニ派の町タルアファルを攻撃したことを受け、米軍とシーア派に対する総力戦を宣言し、怒濤のテロ作戦を開始した。ただしこの時点で、「イラクのアルカイダ」の兵力はまだ1000人超程度にすぎなかった。

2006年1月、ザルカウィは他の地元スンニ派過激派と合同で「ムジャヒディン評議会」を結成した。ムジャヒディン評議会は対米テロから、徐々にシーア派への攻撃に軸足を移していった。しかし、その無差別テロの無軌道ぶりから、地元のスンニ派部族との軋轢が増えていった。

そんな折、同年6月、ザルカウィは米軍の爆撃でついに殺害された。ビンラディンと並ぶイスラム過激派でもっとも有名な大物テロリストの、あっけない死だった。

その後、10月にムジャヒディン評議会傘下の組織が正式に合併し、「イラクのイスラム国」（ISI）が創設される。初代指導者には、ムジャヒディン評議会の最高指導者だったイラク人のアブ・アブダラ・ラシード・バグダディ（別名アブ・オマル・バグダディ）が就任した。彼は元アフガン義勇兵でもあり、90年代初めから長年にわたってイラクのイスラム過激派で中心的な役割を担っていた人物だった。ISIはその名のとおり、単に対米テロやシーア派に対するテロを行なうだけではなく、イスラム法に基づくイスラム国家の建設を掲げた。

米軍撤退後に存在感を増したイスラム国

ISIは2006年から翌2007年にかけて、イラク国内での対米テロや対シーア派テロで中心的な役割を果たした。メンバーの数も徐々に増えて、2007年には数千人の兵力まで拡大している。しかし、イラク国内でのテロがあまりに無軌道になったため、前述したように地元のスンニ派部族勢力とも対立するようになっていった。

また、米軍も将来の撤退を見越して、それまでの方針を転換し、スンニ派部族勢力の懐柔に乗り出す。過激なテロ組織に対抗して地元スンニ派部族が2005年に創設した「覚醒評議会」に、資金や武器を供与するようになったのだ。

米軍の支援を得た覚醒評議会はISIを筆頭とする過激派の追放に動き、2008年には過激派の主力をスンニ派三角地帯の主要都市部から追い出すことに成功する。同時にスンニ派過激派による対米テロや対シーア派テロも激減し、とくに２００４年から２００７年までイラク全土で壊滅状態にあった治安も、２００８年までには劇的に改善した。

ＩＳＩも大きな打撃を受け、構成員も２００９年までには１０００人以下にまで激減している。ただし、それでも活動が休止したわけではなく、ときおりテロは続けていた。

２０１０年4月、ＩＳＩの最高指導者だったアブ・アブダラ・ラシード・バグダディが死去し、アブ・バクル・バグダディが後継する。その頃のＩＳＩは勢力も小さく、大規模な軍事行動はできない状態にあったが、好戦的なアブ・バクル・バグダディは自ら指揮をとって、シーア派政府やシーア派住民に対するテロを激化させていった。バグダディのＩＳＩはそれ以降、規模は小さいながらも、過激なテロを行なう組織として存続していくことになる。

なお、アブ・バクル・バグダディの本名はイブラヒム・アワド・サマライ。１９７１年にイラクのサマラで生まれ、バグダッド・イスラム大学でイスラム学を修めた。もともとはサマラのモスク（イスラム寺院）の聖職者だったが、２００３年のイラク戦争後、スンニ派民兵組織「スンナ軍団」（ＪＪＡＳＪ）に加わり、同組織のイスラム法委員長に就任する。２００6年6月に「イラクのアルカイダ」が中心になって結成されたムジャヒディン評議会に参加し、そのイスラム法委員の座に就く。前述したように、同組織は同年10月にＩＳＩに改名したが、バグダディはそのイスラム法委員長兼最高指導評議会委員に就任し、２０１０年5月に前任者の死去により組織のトップになった。なお、バグダディは２０１１年10月から、米国務省により1000万ドルの賞金で特別手配国際テロリストに認定されている。

バグダディはこのように、まさに筋金入りのイスラム過激派だった。

ところで、米軍とスンニ派部族社会の協力で2008年以降はイラクの治安も劇的に改善したが、その後、米軍は段階的に撤退を進め、2011年12月に主要部隊の撤退を完了させた。米軍撤退後のイラクの治安は、当然ながらイラク政府が責任を持つことになった。

ところが、そのイラク政府が、適切な政権運営をできなかった。当時、イラク政府を指揮していたのはシーア派のヌーリ・マリキ首相だったが、マリキ政権下ではシーア派が権力をほぼ独占していた。そんななか、米軍という重しがとれたことで、シーア派民兵勢力はスンニ派住民をどんどん弾圧していくようになったのだ。

マリキ首相はシーア派の過激派とは必ずしも近い関係ではなく、国民和解政権を目指すべき立場だったが、強固な支持基盤を持っているわけではなく、シーア派の強硬派を抑えることができなかった。イラク全体でシーア派の権限がますます強化されることになり、さらにはシーア派過激派の影響力もますます大きくなっていったのである。

他方、スンニ派住民の代表である覚醒評議会は、後ろ盾の米軍が撤退したことで、その影響力をいっきに低下させた。こうした経緯で、2012年以降のイラクでは、スンニ派に対してシーア派の力が圧倒的に上位になっていた。スンニ派住民には不満が広がっていったが、シーア派が牛耳るマリキ政権は、そんなスンニ派を弾圧していく。イラクではバグダッド、ティクリート、ラマディの3都市を結ぶエリアが「スンニ派三角地帯」と呼ばれるスンニ派最大の居住地域だが、シーア派政権の政府軍やシーア派民兵が介入し、スンニ派部族の不満分子を拘束したり、秘密裏に暗殺したりするようになったのである。

いったん回復したかにみえたイラクの治安は、米軍撤退後の宗派抗争再燃のなかで、再び悪化の一途を辿っていった。イラクでは事実上、国土が北部のクルド自治区、中部と西部のスンニ派地域、南部のシーア派地域と3分割されたようなものだったが、その中でクルド自治区だけが安定した治安の下で劇的な発展をとげるいっぽう、スンニ派三角地帯は再び内戦のような状況になった。

スンニ派の町では、政府軍による爆撃も頻繁に行なわれるようになり、一般市民の犠牲が急増した。スンニ派住民の間では反シーア派意識が急速に高まり、シーア派政権を打倒しなければ自分たちを守れないと考える人が急増する。ＩＳＩの復活の背景には、そうしたイラク国内の事情があった。

それでも、イラク国内ではせいぜい１０００人程度の兵力しかなく、しかも装備も貧弱なＩＳＩは、政府軍やシーア派民兵にはとても太刀打ちできない。しかし、そんなＩＳＩがいっきに戦力を強化する機会が来た。それが隣国シリアで起きた民主化運動とその弾圧だった。

シリア内戦で戦力を強化し、イラクを席巻してイスラム国家を自称

第1章で詳述したように、シリアでは2011年3月からアサド独裁政権に反対する国民の大規模な民主化運動が起き、それに独裁政権が実弾で凄まじい弾圧を行なった。当然、国民の中には政権を打倒しようという気運が高まる。アサド政権は少数宗派アラウィ派が主導する強権的体制で、国民の大多数のスンニ派は、与党や軍・治安機関などアサド政権側に参加した少数の人々以外は、弾圧される側だった。やがて武装して反体制派部隊も誕生したが、多くの戦闘員たちはスンニ派だった。

これも第1章で詳述したように、イラク戦争に反米義勇兵として参加した戦闘員たちが軸になって、シリアではISIとも関連のあったイスラム系ゲリラ「ヌスラ戦線」が台頭した。2013年4月、それを見たバグダディは自分たちの活動範囲をイラクからイラク・シリア両国に拡大することを画策する。ISIを「イラクとシャームのイスラム国」（ISIS）に改編し、ヌスラ戦線に自分たちの傘下に入るように指示したのだ。

しかし、あくまでアサド政権打倒を掲げていたヌスラ戦線はそれを拒否する。そこでバグダディは独自にヌスラ戦線から多くの戦闘員を引き抜いていった。ヌスラ戦線に加わっていた多くの外国人戦闘員が、バグダディの呼びかけに応じた。実際、それでおそらく5000人以上が、ヌスラ戦線からISISに転じたとみられる。シリアではヌスラ戦線以外の反体制派部隊にも外国人の義勇兵が多くいたが、その中のイスラム系の戦闘員の多くもバグダデ

ィのISISに転じた。ISISはこうしていっきに兵力を増強できたのだ。ISIS全体の戦力は1万人規模になった。半数が外国人だったとみられる。

外国人戦闘員の多いISISは、国外からのアクセスが容易なトルコ国境のシリア北部、さらにイラクとの国境にあたる東部に勢力圏を拡大した。初めは他の反政府軍と協力し、もっぱらアサド政権軍と交戦したが、もともと外国人主流で、しかも残虐行為をしばしば行なっていた彼らは、次第に他の反政府軍と衝突するようになっていき、彼らの勢力圏を侵食していった。こうして2014年初頭には、シリア北部のラッカ県のほとんどと、北東部のハサカ県およびデリゾール県に広く支配地を確保した。ラッカ県とデリゾール県ではヌスラ戦線と、ハサカ県ではクルド人部隊との激戦を優勢に進めての結果だった。なお、デリゾール県ではシリア有数の油田エリアを掌握し、莫大な石油密輸収入を確保した。ISISはラッカ市をシリアでの本拠地とし、独自の行政を開始した。彼ら独自の厳格なイスラム法を適用し、抵抗する人々は容赦なく処刑する恐怖支配を始めた。

シリアで戦力を強化したISISは、イラク西部での活動を活発化させた。この時期、イラクではシーア派政府軍がスンニ派を弾圧して宗派抗争が激化していた。ISISは再びスンニ派の主要部族との関係を復活させ、さらに対シーア派政権という目的のため、旧サダム政権の残党勢力各派とも協力関係を結んだ。実はこの時、旧サダム政権軍・治安機関の要員がISISに加入したことで、ISISは重火器操作能力や戦術、心理戦などの戦力をいっきに強化した。

もっとも、それ以前よりバグダディには旧サダム政権の軍幹部の盟友がいた。たとえば、バグダディに次ぐＩＳＩＳの副官はアブ・ムスリム・トゥルクマニ、ナンバー3はアブ・アリ・アンバリという男だったが、両者とも旧サダム政権時の軍人だった。トゥルクマニは、バグダディがかつてイラク駐留米軍のキャンプ・ブッカで収監されていたときの刑務所仲間で、サダム政権時代は軍事情報部中佐だった。ＩＳＩＳ軍事司令部の上級幹部だったアブ・ムハンマド・スウェイダリという男も刑務所仲間だった。彼はサダム政権の空軍情報部大佐だった人物だ。こうした偶然の出会いが、ＩＳＩＳの軍事組織としての実力を飛躍的に強化した面は確実にある。

２０１３年12月末、イラク政府軍がラマディでスンニ派住民のデモを大弾圧。年が明けて２０１４年1月、ＩＳＩＳはシリアから戦闘部隊をイラク西部に侵入させ、アンバル県で一斉に攻勢に出た。イラク政府軍を襲撃し、各地で小規模な戦闘が多発した。イラク政府軍・治安部隊は各地で敗れ、イラク西部の広いエリアがＩＳＩＳの手に落ちた。ＩＳＩＳは1月中にラマディやファルージャを制圧し、3月にはサマラを制圧した。

イラク西部のシリア国境沿いを掌握したことで、ＩＳＩＳはシリアとイラクの支配地を繋ぐことに成功する。当時はシリア北部とトルコの国境が事実上、自由に通過できる状況だったため、これでＩＳＩＳはトルコからシリア東部を伝い、イラク西部に至るルートを確保した。外国人義勇兵の自由な出入り、武器や弾薬の補給、石油の密売などが可能になったのだ。

ＩＳＩＳがイラク北部・西部で大攻勢に出たのは２０１４年6月のこと。最初に狙われたのは、北部にあるイラク第2の都市・モスルだった。わずか１０００人にも満たない兵力での奇襲だったが、同市に配備されていた万単位の政府軍・治安部隊、武装警察が雪崩を打って崩壊。戦わずに私服に着替え、武器を置き去りにして我先にと逃亡する。ほとんど戦闘もなく、わずか3日でＩＳＩＳはモスルを手に入れたのだ。

このモスルの事実上の無血落城が、決定的なターニングポイントだった。モスル制圧の勢いのまま、ＩＳＩＳは他の広いエリアを次々と制圧していったのである。モスルを制圧したＩＳＩＳは、同日中に刑務所を襲撃し、３０００人ものスンニ派の囚人を解放した。その中にはスンニ派のいずれかの武装グループのメンバーも多く、彼らはそのままＩＳＩＳに合流した。また、ＩＳＩＳはこのとき、モスルのイラク中央銀行を襲撃し、4億２５００万ドルを強奪している。彼らは世界でもっともリッチな過激派組織になったのだ。

なお、ＩＳＩＳのこうした進撃には、制圧した各地の政府軍基地で鹵獲した兵器や装甲車両が使われた。ＩＳＩＳの部隊は兵力は小さいものの、こうした兵器を使い、機動的な作戦で各地を猛スピードで転戦しながら支配地を拡大した。

そもそもこの蜂起には、ナクシュバンディ軍などの旧サダム政権残党勢力が当初から加わっていた。彼らの破竹の快進撃をみて、他の旧サダム派残党も雪崩を打って参加。さらに、スンニ派部族民兵の一部も加わった。積極的に戦列に加わらなくても、ＩＳＩＳ部隊を町村に引き入れるのに、地元部族勢力の一部が協力したこともあった。

こうしていっきにイラク全土の3分の1近い面積を支配するに至ったＩＳＩＳは、２０１4年6月29日、シリア国内の支配地域と合わせたイスラム国家の樹立を宣言し、自らを「イスラム国」（ＩＳ）と改称した。イスラム国は自らをカリフ制国家と主張し、最高指導者のアブ・バクル・バグダディ自身がカリフ就任を宣言する。カリフとは、イスラム教の創始者である預言者ムハンマドの後継者（代理人）のことで、統一されたイスラム共同体のトップを意味する。ＩＳは彼ら自身の独自解釈によるイスラム法を厳格に適用するイスラム国家を自称。早い段階から行政機構を作り、独善的なイスラム法統治を開始したのだ。

とはいえ、ＩＳの中核はやはり戦闘集団だ。彼らの行動形態は、アラビア半島のかつてのアラブ軍団そのままで、違うのは彼らの移動手段がラクダから車両やバイクに変わり、今度は政府軍から鹵獲した戦車や装甲車に変わったということである。

ＩＳの攻勢は続き、イラク北部ではクルド自治区の中心都市アルビル、中部では首都バグダッドに向けて進撃し、どちらも数十km地点まで迫る。ニナワ県のモスルダムも奪取した。シンジャル地方のヤジディ教徒も包囲した。

米軍の介入で急速に衰退

これらの状況を変えたのは、米軍の空爆だった。マリキ政権はすでに5月の時点で、米軍に空爆要請を出していた。当初は慎重だったオバマ大統領も、ISの6月蜂起をみて軍事介入を決断。米軍の空爆は8月に開始され、それによって、それまで快進撃を続けていたISも、その行く手を阻まれることになった。米軍の空爆は、かつての湾岸戦争やイラク戦争などとは比較にならない小規模なものだったが、それでもISにそれなりの打撃を与え、彼らの進撃をなんとか食い止めることができた。

他方、米軍の空爆に直面することとなったISの側は、空爆の標的になりやすい戦車や野砲などの重火器をシリアに移送するとともに、部隊の一部もシリアに転戦させた。シリアでのISの戦力は、イラク政府軍から鹵獲した武器でいっきに強化され、ISはその後、シリアでの活動をさらに活発化させていった。8月中にはラッカ県全体も掌握。デリゾール県でもほぼ全域を掌握した。

米国はアラブ諸国と協議し、サウジアラビア、カタール、UAE、バーレーン、ヨルダンの5カ国との有志連合というかたちで、9月にシリア空爆を開始した。しかし、ISの勢いは衰えず、支配エリアを広げた。イラク＝シリアにまたがる広大な地域を支配し、疑似イスラム国家を作ったということが、世界中のイスラム過激主義者に大きな支持のブームを生み、多くの外国人義勇兵が参入した。

２０１４年を通じてＩＳは支配地を広げたが、9月から制圧を目指して包囲していたシリア北部のコバニの攻防戦で、米軍の航空支援を受けるクルド部隊の徹底抗戦により、２０１５年にＩＳはコバニ攻撃を諦め、撤退した。その後もＩＳと〝米軍の航空支援を受けるクルド部隊〟との戦いという構図で戦局は推移した。徐々にクルド部隊がＩＳを撃退する戦線が増えてきた。

２０１６年から２０１７年にかけて、ＩＳは全体的に徐々に劣勢に転じた。２０１７年10月にはついにＩＳが首都としていたラッカが陥落。ＩＳは急速に瓦解に向かう。翌11月にはイラク政府軍とシーア派民兵の攻勢で、イラク領内からほぼ撤退に追い込まれた。２０１８年にはシリアでも主要な支配地の多くを、クルド民兵が主導する「シリア民主軍」（ＳＤＦ）が奪取した。２０１９年3月、ＩＳはシリア国内の支配地域を完全に失った。以後は、もともとの辺境のゲリラ組織のひとつに戻った。

２０１９年10月、米軍特殊部隊はシリア北西部イドリブ県のトルコ国境近くのバリシャに潜伏していたアブ・バクル・バグダディを襲撃。バグダディは自爆する。次の最高指導者には古参幹部のイラク人であるアブ・イブラヒム・ハシミ・クラシが就任したが、２０２２年2月、潜伏先のイドリブ県アトマで米軍特殊部隊に襲撃され、自爆した。後継の最高指導者にはイラク人のアブ・ハッサン・ハシミ・クラシが就いたが、同年11月、潜伏中のシリア南部ダラア県で、アサド政権と連携していた地元軍閥との戦闘で自爆。後継者にシリア人のアブ・フセイン・フセイニ・クラシがなったが、2023年4月、シリア北西部のトルコ国境に近いアフリン地区のジンディレスで戦闘中に自爆した。この襲撃に関しては、シリアの反体制派ゲリラ「シャーム解放機構」（HTS）との戦闘とみられるが、背後にトルコ情報機関「国家情報機構」（MIT）が関与していたとの説もある。その後の最高指導者として、アブ・ハフス・ハシミ・クラシが後継したが、素性は不明である。

ISの本隊はその後、シリア東部に1000人以下の勢力で現存している。ときにテロを起こしているが、しばしば米軍あるいはシリア民主軍（SDF）により攻撃も受けている。

SDFはシリア北東部で28ヵ所のIS戦闘員収容所を運用しており、計9000人を収監している。シリアは2024年12月の革命で特にクルド地区で状況が混沌としているが、もしもこれらの収容所が破られたりすると、ISの復活という可能性もある。

いずれにせよ、ISは一時期の隆盛からは、完全に落ち目になった。2014年から2016年にかけての全盛期には、世界中のイスラム過激派が沸き立ち、スンニ派過激運動が世界的な大ブームになったが、その勢いはもう完全にない。2016年にイラク・シリアで敗走した後、出身国に帰還した戦闘員も含めて各国でテロが続いたことがあり「これからグローバル・ジハードが世界中で隆盛するか」と各国治安当局が警戒を強めたが、テロの熱量には流行のようなものがあり、イラク・シリアのIS本隊の凋落《ちょうらく》とともに、世界でのスンニ派過激派のジハードの気運は急速に落ちていった。もちろん過激主義はなくなりはしないので、ときおり各国でＩＳ支持者の個人や少人数仲間内による暴発テロは起きているが、過激主義の流行の周期でいえば、長い低迷期に入ったといえるだろう。

その一方、ＩＳ支部を名乗るフランチャイズのような組織がアフガニスタンやナイジェリアなどで勢力を固めており、ＩＳ系のネットワークはむしろそちらが主流になっているが、実際には中東のＩＳ本隊と人や資金の繋がりはさほどない。

現代の中東のスンニ派過激主義の中核は、モスレム同胞団からアルカイダへ、さらにアルカイダからＩＳへと、人脈が交差しながら受け継がれてきたが、幸いなことにスンニ派過激主義は下火になっている。パレスチナのハマスはスンニ派だが、ハマスの軍事部門「カッサム旅団」の過激なテロに限れば、背後にイラン工作機関が深く浸透しており、もはや元のモスレム同胞団の流れを汲むスンニ派の過激主義というよりも、イランの破壊工作の一部という側面が強い。

中東の流血の抗争の源流は主に、スンニ派過激主義、イラン工作機関、イスラエルの３つだが、このうちスンニ派過激主義の勢いは、２０１０年代中期のＩＳの大隆盛の後、その反動で長い低迷期に入っているといえる。

終章

ガザ戦争　ハマス、イラン、イスラエルの〝死闘〟の深層

2020年1月3日早朝、シリアのダマスカス空港から、1人の男がイラクのバグダッドへ向けて飛び立ったが、この男の行動をずっと追っている組織があった。イスラエルの情報機関「モサド」である。この男の行動については、イスラエルから逐一、米国に伝えられていた。

男はバグダッド空港に迎えに来ていた男たちと合流すると、2台の車両に分乗してバグダッド市内に向かった。それを米軍の無人機が追っていた。無人機は数発のミサイルを発射し、男たちを殺害した。米軍による暗殺の標的は、イランのイスラム革命防衛隊の対外工作機関「コッズ部隊」のカセム・ソレイマニ司令官だった。一緒に殺害された中には、イラクのシー

ア派民兵「カタイブ・ヒズボラ」のアブ・マフディ・ムハンディス司令官もいた。彼はイラクの親イラン系シーア派民兵の連合部隊「人民動員隊」の副司令官でもあった。

カタイブ・ヒズボラは当時、イラク駐留米軍へのテロをしばしば行なっていた。この日、ソレイマニはムハンディス司令官たちと、今後の米軍に対する攻撃を協議することになっていた。イラク駐留米軍はこれまでもいくつかのイラクのシーア派民兵から攻撃を受けていたが、その黒幕こそコッズ部隊のソレイマニ司令官だった。米軍と米情報機関は、かねてよりソレイマニの危険性を把握しており、それまでも何度か暗殺工作は検討されていた。そのときの攻撃はトランプ大統領の命令で実行された。

コッズ部隊司令官・ソレイマニの暗躍

イランは1979年にイスラム革命政権が誕生して以降、「革命の輸出」と称して、海外のさまざまなイスラム過激派の活動を支援してきた。そうしたグループはときにテロ行為も行なったが、多くの場合、イランが裏で操っていた。イランの工作機関は彼ら自身でもテロを行なった。イランは当時、テロ支援国家と言われたが、支援というより完全にテロ国家だった。

イランが仕掛けたテロを含む対外破壊工作は80年代、90年代と続いたが、1998年に大きな転機を迎えた。対外破壊工作機関「コッズ部隊」の司令官に、ソレイマニが就任したのだ。

それまでのイランの破壊工作は、ラフサンジャニ大統領の甥が統括する大統領府情報部が指揮していたのだが、前年の1997年にラフサンジャニが大統領を辞任し、イランの政治権力がハメネイ最高指導者に集中したことで、ハメネイは対外工作の権限を大統領府情報部からコッズ部隊に移管した。そして、その新生コッズ部隊の司令官に、イラン・イラク戦争時からの歴戦の指揮官だったソレイマニを抜擢したのである。

コッズ部隊を指揮することになったソレイマニは、それまでもコッズ部隊で対外工作の経験を積んできて、同時期に副司令官に昇進したイスマイル・ガーニと連携し、大規模な対外工作に乗り出していく。ソレイマニは破壊工作の達人で、2000年代から2010年代にかけて多くの工作を成功させた。ソレイマニは前述のように2020年に暗殺されるが、現在に続く中東の流血事態のほとんどの黒幕的な人物と言っていい。ソレイマニこそ、数々の抗争を仕掛けてきた元凶である。

カセム・ソレイマニは1957年生まれ。貧しい生まれで小学校しか出ていないが、1979年に革命防衛隊に入隊し、イラン＝イラク戦争ではそのほとんどを最前線で戦った。戦勲は多く、師団司令官にまでなっている。また、対イラク工作としてクルド人やイラク・シーア派勢力への工作も行なっている。対イラク戦が終結した後、90年代は革命防衛隊ケルマン州司令官となり、対アフガニスタン工作を主導した。特に麻薬密売組織の摘発で実績を上げている。

1998年、コッズ部隊の司令官に任命された。ハメネイによって対外工作の全権を任されたソレイマニは、すぐにヒズボラの強化を進めた。また、イラクの反体制派への工作も強化した。

大きな転機となったのが、2003年のイラク戦争だった。米軍がサダム・フセイン政権を打倒したが、その後の治安維持に失敗し、イラクは戦乱の地になった。特にそれまでサダム・フセイン政権を支えてきたスンニ派が弱体化したことで、シーア派勢力が急伸した。それをソレイマニはチャンスとみて、本格的にシーア派勢力内に介入していった。コッズ部隊はとくに、シーア派民兵に仕掛け爆弾を製造する技術を伝授したようだ。それにより殺害された米軍兵士は500人以上、あるいは1000人以上といわれる。

なお、コッズ部隊が育成したイラク民兵組織は複数ある。イラクのシーア派勢力には、独自に活動するムクタダ・サドル派もあったが、それ以外のシーア派各派には広く接近している。とくに「バドル軍団」が有名だが、他にも「アッサーイブ・アハラル・ハク（通称「ハザーリ・ネットワーク」）」「カタイブ・ヒズボラ」「カタイブ・イマム・アリ」「サラヤ・ホラサニ」などの組織を操った。その後、これらの部隊はイラクのシーア派連合部隊「人民動員隊」の中枢を担っている。つまり、コッズ部隊のイラク工作はかなり浸透したのだ。

ソレイマニは司令部から指示を出すだけのタイプではなく、自分自身で最前線に出向く男だった。2006年にイスラエル軍がレバノンに侵攻した際も、レバノンでヒズボラの軍事部門司令官と同行して作戦を指揮した。

パレスチナのハマスとパレスチナ・イスラム聖戦（PIJ）への支援は、主にヒズボラを通じて行なっていたが、2010年に大きく拡大した。ハマス軍事部門「カッサム旅団」創設司令官だったサレハ・アロウリと出会い、彼をハメネイに紹介。ハメネイから彼を全面的に支援する許可を得たのだ。ソレイマニはアロウリを通じてカッサム旅団への軍事支援を大幅に強化した。

ただ、2011年にシリアでは反アサド政権の民主化運動が発生し、アサド政権が大弾圧を開始する。シリアにはパレスチナ難民キャンプもあったが、シリア国民の側に立ったパレスチナ難民をアサド政権とその支援者だったヒズボラが弾圧した。当時、ハマス政治局はシリアのダマスカスに本部を置いていたが、メシャール政治局長はアサド政権を激しく非難。2012年にシリアを去り、しばらく後にメシャールとハマス政治局はカタールのドーハに本拠地を移した。ソレイマニと関係の深かったアロウリはトルコのイスタンブールに拠点を移した。こうしてハマスとアサド政権、ハマスとヒズボラは敵対関係になった。アサド政権およびヒズボラの裏にはコッズ部隊がいたので、ハマスとコッズ部隊の関係は冷却した。もっとも、ハマス政治局と別行動をしていたアロウリは、ソレイマニとの関係は完全には切らなかった。

このシリアの紛争に関しては、ソレイマニはまさにアサド政権の救世主のような役割を果たした。2011年の民主化運動弾圧の開始直後から、コッズ部隊の将校を軍事顧問として送り込み、デモ弾圧を背後から支えた。当時、ネットに流出した動画には、デモ隊への発砲を躊躇するアサド政権軍兵士を、ペルシャ語を話す将校が怒鳴りつけている場面もあった。反体制派が武装して武力衝突になると、軍事顧問団を増員するとともに、手下であるヒズボラを送り込んだ。さらにコッズ部隊の手下であるイラク民兵、シーア派アフガニスタン民兵、シーア派パキスタン民兵なども送り込んだ。

2015年、アサド政権が劣勢になると、ソレイマニ自身がモスクワに飛び、ロシア政府と交渉した。直後、ロシア軍は空軍をシリアに派遣し、同年9月、ロシア軍による空爆が始まった。ソレイマニは単に現地のゲリラを裏で操るようなことだけでなく、ロシア軍を引き入れるような政治的な大謀略もやってのける人物だった。

こうしたソレイマニの工作によって、アサド政権は勢いを取り戻し、2018年頃までに軍事的にはシリアの反体制派を同国北西部の一部地域に閉じ込めた。アサドを救ったソレイマニはシリア国土を自由に使うことができるようになった。すでにイラクではシーア派民兵の手下を増やし、影響圏を確保していたから、これでイラン本国からイラク、シリアを通過してレバノンのヒズボラに至るルートを確立した。コッズ部隊はシリア国内にヒズボラ支援拠点を建設し、ヒズボラの戦力強化を推進した。

コッズ部隊の工作は「革命の輸出」のため

ソレイマニの目的は、ホメイニ政権以来のイランの大義だった「イスラム革命の輸出」で、その最終的な標的はイスラエル打倒だった。シリア紛争でコッズ部隊とハマスは2012年に疎遠になっていたが、イスタンブールにいたハマス武闘派リーダー格のサレハ・アロウリとの人脈を使って、ハマス懐柔に乗り出す。2016年にはアロウリへ資金援助した痕跡がある。2017年にはハマス政治局で反アサドのメシャール局長が引退し、イスマイル・ハニヤが政治局長に、アロウリが政治局次長に就任した。それを機に、コッズ部隊はカッサム旅団との関係をいっきに深めた。ハマス本体もサウジアラビアなど有力アラブ諸国からの資金が細っていたことから、ソレイマニ＝アロウリの軍事支援ルートが格段に強化される。アロウリは拠点を南ベイルートに移し、そこでコッズ部隊＝ヒズボラ軍事部門＝カッサム旅団の合同作戦本部を設立した。

2017年にハマスの新たな政治局長になったイスマイル・ハニヤは、もともとハマス創設時の精神的指導者だったアフマド・ヤシンの側近から指導者となった政治畑の人間で、それまでハマスのガザ代表だった人物だが、ハニヤの後任として新たなガザ代表となったヤヒヤ・シンワルは、もともとカッサム旅団の前身だったハマス治安機関「アル・マジド」の創設司令官だった人物で、やはりカッサム旅団に強い影響力があった。

つまり2017年に、ハマスの構造に変化が生まれていたといえる。在カタールの政治局は政治畑のハニヤ政治局長がトップとなり、表向き引退した前政治局長で反アサドのメシャールも影響力を持っていたが、軍事部門は別のネットワークによって動くようになった。ソレイマニの工作が在ベイルートのアロウリ政治局次長経由で、ガザ代表のシンワルと直結したのだ。組織的にはシンワルはハニヤ政治局長の部下になるが、ハマス草創期からの武闘派幹部で、長期間にわたってイスラエルの監獄で囚われていたシンワルは、ハマス内ではハニヤ政治局長と並ぶ求心力のある人物で、彼がガザでの武闘派強化路線を進めたのである。ちなみにベイルートのアロウリもまた、イスラエルで長く収監されたことがある。実際に反イスラエル闘争で自らも血を流すカッサム旅団では、そうした歴戦の幹部が評価される傾向がある。

ここで重要なのは、コッズ部隊は単に資金や武器を与えるだけの支援をする組織ではないということである。彼らはそれだけでなく、組織化の手法、組織の運営、そして戦い方まで指導するのだ。ヒズボラもイラク民兵もイエメンのフーシ派も、そしてアサド政権軍もそうして強化された。カッサム旅団との関係も、単なる支援者ということではなく、もっと強く介入する指導者という立場になる。

前述したように、2020年1月にソレイマニは米軍に暗殺されるが、それでコッズ部隊の活動が低迷することはなかった。ソレイマニが育てたコッズ部隊の工作員たちは、その後もヒズボラやカッサム旅団の戦力強化に邁進した。その延長線上に、2023年10月7日のハマスの奇襲テロは計画され、実行されたのだ。

2023年ハマス奇襲の衝撃

ハマスの奇襲は衝撃的だった。ハマスはそれまでも、ガザ地区からロケット弾を発射してイスラエルの都市部を狙うなど、しばしばこうした対イスラエル攻撃は繰り返してきた。イスラエル側は防空システム「アイアンドーム」を配備して対抗。過去のケースでは、アイアンドームで都市部防衛はほとんど成功しており、イスラエル軍は報復としてガザを空爆してきた。結局、ハマスが仕掛けた戦闘は、ほとんどイスラエルに被害をもたらせずにいた。

しかし、この時は状況が一変した。まず、ハマスは短時間で数千発ものロケット弾を一斉に発射。アイアンドームの迎撃能力を超える、いわゆる〝飽和攻撃〟で、イスラエル各地の攻撃にある程度成功する。同時に、陸・海・空から近隣のイスラエルの集落やイスラエル軍基地を攻撃した。

空からというのは、ハマスが新たに編制したモーター付きパラグライダーの部隊で、彼らはガザを囲い込む壁を越えてイスラエル軍基地に到達し、銃撃しながら着陸した。もっとも彼らは少数だったため、戦果は限定的だった。なお、パレスチナでは過去にも1987年にゲリラ組織「パレスチナ解放人民戦線総司令部派」（PFLP－GC）がハングライダーでイスラエル側に侵入したケースがあるので、こうした手法自体は初めてではないが、部隊を編制して軍事作戦として実行されたのは初だった。

とはいえ、パラグライダー部隊は兵士の数も少なく、それほど大きな戦果は上げていない。それよりこの時の奇襲で影響がきわめて大きかったのは、壁を爆破してイスラエル側に侵入した部隊だ。彼らは約6000人（暴徒含む）で、イスラエル側の兵士や民間人を約1200人も殺害し、約250人を人質として拉致した。これは、過去にイスラエルがパレスチナ武装ゲリラの攻撃で受けた被害としては、桁違いに大きかった。

イスラエル社会は大きな衝撃を受けた。ネタニヤフ政権は即座に報復を決意し、ハマス殲滅を宣言した。前述したようにハマスは、これまでも対イスラエル攻撃を何度も実行してきたが、イスラエル軍はほぼ封じ込めに成功しており、このような事態は初めてのことだった。それはすなわち、これまでのように限定的な軍事的報復でハマスを弱体化させるだけでは、ハマスはまたいずれ戦力を再建し、イスラエルを攻撃して多くの被害を与えかねないことを意味した。

イスラエルとしては、自分たちの自衛のためにはハマスを壊滅させる必要がある。イスラエル軍は即座にガザへの空爆を開始。同時に地上侵攻の準備として30万人の予備役を招集し、地上部隊を続々とガザ周辺に集結させた。イスラエル軍とハマスでは戦力が天と地ほど違うので、軍事的にはイスラエルのほぼワンサイドの攻撃になった。

なぜ奇襲が成功したのか

ところで、襲撃後にハマス側が発表した動画では、真昼間にハマス軍事部門が今回のような侵入、襲撃、制圧、人質拉致の訓練をしている様子が映っていた。こうした訓練所はガザ地区内で少なくとも6ヵ所以上。ハマスは約1年をかけて今回の作戦の準備を進めてきたという。

実は、そうしたハマスのテロの準備を、イスラエル側がまったく気づいていなかったわけではなかった。イスラエルの軍・情報機関ではテロの1年以上前から、今回のテロとほぼ同じ内容のハマスの計画をほぼ予測した秘密報告書「エリコの壁」が作成されていた。しかし、それはイスラエル政府・軍の上層部では「ハマスの願望にすぎず、現実に可能な計画ではあるまい」と判断されて対策の検討を却下されたという。

なぜならハマスは当時から、自分たちにはしばらく本気で戦う気がないと相手に思わせる偽装工作を徹底していたからだ。たとえば、2022年以降にPIJはイスラエル軍と2回交戦したが、ハマスは戦闘の意思がないと偽装するため、一切参加しなかった。また、自分たちの携帯電話が盗聴されていることを知っていたハマスは、故意に相手を油断させるような会話を行なった。重要な情報は、地下トンネルの有線回線を使用した。イスラエル側はそうした偽装にまんまと騙されたのだ。

それに、近年のイスラエルとパレスチナの衝突は、ヨルダン川西岸地区のイスラエル強硬派入植者が強引に拡大する入植地周辺に集中していた。そのため、イスラエルはガザ方面の部隊を減らし、西岸を強化していた。

それに、ハマスがやるとしても、これまでどおりのロケット弾攻撃との思い込みがあった。ロケット弾の脅威に対しては、イスラエル軍の迎撃システム「アイアンドーム」は実戦で驚異的な成功率で迎撃できていた。つまり、仮にハマスが攻撃を再開したところで、どうせたいしたことはできまいとの油断が生じたわけだ。

もっとも、こうしたイスラエル側の警戒の不備だけでなく、ハマス側の緻密な作戦もあった。まずはこれまで前例のなかった「壁を壊す」という手法を思いついたことだ。9・11テロもそうだが、テロは警戒されていない新しい手法を思いつくことで、大きな結果を出すことがある。ハマスのこのテロはまさにそれだ。襲撃後にハマスが主張しているのだが、最初から作戦の本丸は襲撃であり、多数のロケット弾による攻撃は陽動作戦と位置付けていたという。

ハマスは奇襲にあたり、イスラエル側の警備の弱点も研究している。イスラエル軍は前述したように警備の兵力をガザ周辺から減らして、西岸地区に振り分けていた。その代わりに取り入れたのが、壁を監視する無人の監視塔の監視カメラと遠隔操作式の機関銃だ。広いエリアを後方の要員がオンラインで監視・警戒するシステムである。

そこでハマスがとった戦術がドローン攻撃だった。付近の携帯電話基地局をドローンで破壊したのだ。それにより、監視カメラのデータは警備指揮所に伝達されなかった。ハマスは、さらに、この機関銃自体をドローンで破壊している。壁を壊して侵入するという作戦において、この措置は決定的だったといえるだろう。これも後から考えれば、実行が容易で効果がきわめて高いアイデアだった。

さらに、ハマスは奇襲の初期段階で、イスラエル陸軍ガザ師団司令部を襲撃している。そこには同部隊の幹部のほとんどが集中していて、奇襲によって多数が殺害または人質として拉致された。それにより、イスラエル陸軍内部で連絡網が半ば麻痺し、適切に機能しなかった。ハマス襲撃の報を受けて出動したイスラエル軍部隊の多くも、どこに敵がいるか正確に把握できていなかったという。ハマス側からすれば、イスラエル軍の弱点をうまく衝いたことになる。

奇襲作戦という軍事計画としてみれば、ハマスのテロはきわめて緻密で用意周到だった。これまでのハマスの行動からはまるで別格と言える。長期にわたる偽装工作で、敵を油断させる心理戦を仕掛ける。同時に、自分たちの行動を悟られないよう秘密保持を徹底する。そして敵の警備状況に関する情報を収集し、弱点を分析する。こうした広い意味での「情報」の取り扱い、すなわちインテリジェンス分野でハマスは今回、優位に立った。これは従来のハマスでは見られなかった傾向だ。

この奇襲テロにおいて、ハマスの情報工作が長期にわたり、内容的にもこれまでとは別格的に高度だった背景に、コッズ部隊の支援があった可能性は高い。コッズ部隊は情報工作、謀略、破壊工作のプロだ。今回の奇襲にコッズ部隊がどこまで関わっていたかは不明だが、スポンサーであるイランの利益になるテロ作戦を、決行の日付はともかく、カッサム旅団がコッズ部隊に秘匿することはないだろう。少なくとも協力を仰いだ可能性はきわめて高い。コッズ部隊が宗派の違うスンニ派のハマスを支援するのは、テロをやらせるためだが、これだけの作戦で両者が連携しないのは不自然だ。

もっとも、イラン政府・大統領が事前に計画を知っていたということはないだろう。コッズ部隊はソレイマニ司令官の時代から、対外工作をハメネイから一任されていた。コッズ部隊の司令部は、本来なら上部組織である革命防衛隊の司令部すら飛ばして、ハメネイ最高指導者官房室と直結している。工作はハメネイに直接、あるいはハメネイの補佐役に伝えればよく、おそらくイランに直接関わること以外では、事後報告でもよかったのではないか。奇襲テロがここまで大きな成功をおさめ、中東全域を揺るがす結果になることを、テロに関与した人間たちも予想していなかった可能性もある。

この点に関しては決定的なエビデンス情報はなく、イランの関与の程度は不明だが、これまでのコッズ部隊の手法や行動パターンからすると、背後で一切無関係だったとはきわめて考えにくい。

イスラエルとイランの対立は続く

こうしてハマスの奇襲テロは大きな打撃をイスラエル側に与えたが、その後、イスラエルはハマス殲滅を目的に、やられたら倍返しどころか10倍返しの報復に出た。カッサム旅団の戦闘員はガザ地区に潜んでいるが、一般のガザ住民の巻き添え被害を一切回避しない徹底的な攻撃で、町ごと破壊し尽くした。

ハマス側のキーマンも、コッズ部隊やヒズボラと連携していたサレハ・アロウリ政治局次長は２０２４年１月２日に南ベイルートへの空爆で殺害され、イスマイル・ハニヤ政治局長は同年7月31日に訪問先のイラン・テヘランで暗殺され、今回の奇襲テロの首謀者だったヤヒヤ・シンワル・ガザ代表は同年10月16日にガザ潜伏中に殺害された。

もともと奇襲テロで紛争の火ぶたを切ったのはハマスだが、常軌を逸した報復で歴史に刻まれるレベルの大虐殺を続けたのはイスラエルで、その指令を出しているのはネタニヤフ首相だ。つまりこの未曾有の流血の事態は、ハマスが始め、ネタニヤフが爆発的に拡大させたかたちになる。

ハマスの奇襲テロは、イスラエルがネタニヤフ政権であろうとなかろうとおそらく計画され、実行されたが、ネタニヤフ政権下でパレスチナ人への弾圧が強化されていたのは事実である。

ネタニヤフは２０１７年、汚職疑惑で捜査対象となり、２０１９年に収賄罪・背任罪・詐欺罪で起訴された。2021年に首相の座を追われたが、翌2022年の選挙で勝利し、3度目の首相就任となった。しかし、政権発足当初から、強引な司法改革をブチ上げて広範な批判を浴びた。最高裁の権限を制限するなど、司法への政府権限を強化する内容で、要は汚職疑惑を追及されている自身の保身のための強引な政治権力行使だった。

こうしたネタニヤフの露骨な保身はイスラエル政界でも問題視されたが、そこをネタニヤフはユダヤ教極右政党と手を結ぶことで乗り切ろうとした。極右政党から2人を主要閣僚に迎え入れ、ヨルダン川西岸地区でユダヤ強硬派が強引に入植地を拡大することの合法化を承認した。そのため2023年には入植地が急速に拡大し、ヨルダン川西岸地区での暴力事件が頻発するようになった。ハマスのテロが計画されたのはその前であり、西岸地区での入植強化がテロの直接の動機になったわけではないが、ネタニヤフ政権がパレスチナ人の反発を先鋭化させてきたことは事実だろう。

ユダヤ教の宗教右派に限らず、イスラエルは建国以来の自己防衛本能がきわめて強い。自己防衛は最優先で、そのためには自分たち以外は犠牲になっても構わないとの考えだ。命の価値はどんな人間でも同等であり、そんな理屈はイスラエル国内でしか通用しないはずだが、実際には欧米の先進国が実質的にそんなイスラエルを支えている。言葉には出さないが、白人であるイスラエル人の命の価値のほうが、アラブ人であるパレスチナ人やレバノン人などより現実に優先される。トランプ政権の言動が可視化しつつあるが、そうした差別的な意識が、イスラエルがこれまで日常的にパレスチナ人を弾圧し続けてきている状況を、国際紛争を解決するための議論から長きにわたってスルーさせてきた面は確実にある。

中東地域の戦争は、これからも続く。この地域の抗争の震源は、大きく分けると3つある。①スンニ派イスラムの過激派、②イスラエル、③イランである。このうちスンニ派イスラムの過激派は、アルカイダとISという2つの大きなピークが過ぎた後、長い低迷期に入っているが、消滅することはなく、今後、しばらく時間が経過すれば再び勃興してくるだろう。

残るイスラエルとイランは、まさに暴発中だ。イスラエル軍のヒズボラ攻撃で、イスラエル側に勢いがあるが、これからも両者は互いに天敵同士であり続ける。両者の直接の戦いがどうなっていくかは、イラン側の行動による。イスラエルは「自分たちの安全保障のためには手段を選ばない」「やられたら必ず報復する」原則を今後も続ける。それに対し、イランはこれまでの「自分たちへのリスクは回避する」原則をどこまで維持するかの選択肢があり、それによって地域の抗争地図は大きく変わる。

もっとも、仮に今後もイランが自分たちへのリスクを回避し続けても、代理で〝手下〟に抗争を続けさせ、多くの血が流れる。イランの権力機構はイラン国民を弾圧して成立しているので、シリアのアサド政権のように内部から打倒されればいいが、その兆候はない。

シリアの独裁打倒は唯一の希望が見える展開だが、それ以外の問題は解決の道が見えない。残念ながら、この地に平和が訪れる要素はほとんど見あたらない。

中東紛争《ちゅうとうふんそう》　イスラム過激派《かげきは》の系譜《けいふ》からガザ危機《きき》・シリア革命《かくめい》の深層《しんそう》まで

二〇二五年四月二一日　第一刷発行

著者　黒井文太郎《くろいぶんたろう》

発行者　太田克史《おおたかつし》

編集担当　片倉直弥《かたくらなおや》

発行所　株式会社星海社
〒一一二-〇〇一三
東京都文京区音羽一-一七-一四　音羽YKビル四階
電話　〇三-六九〇二-一七三〇
FAX　〇三-六九〇二-一七三一
https://www.seikaisha.co.jp

発売元　株式会社講談社
〒一一二-八〇〇一
東京都文京区音羽二-一二-二一
（販売）〇三-五三九五-五八一七
（業務）〇三-五三九五-三六一五

印刷所　TOPPANクロレ株式会社

製本所　株式会社国宝社

アートディレクター　吉岡秀典《よしおかひでのり》（セプテンバーカウボーイ）

デザイナー　及川《おいかわ》まどか（セプテンバーカウボーイ）

フォントディレクター　紺野慎一《こんのしんいち》

校閲　鷗来堂《おうらいどう》

ISBN978-4-06-539318-5

Printed in Japan

336

SEIKAISHA SHINSHO

次世代による次世代のための

武器としての教養
星海社新書

星海社新書は、困難な時代にあっても前向きに自分の人生を切り開いていこうとする次世代の人間に向けて、ここに創刊いたします。本の力を思いきり信じて、みなさんと一緒に新しい時代の新しい価値観を創っていきたい。若い力で、世界を変えていきたいのです。

本には、その力があります。読者であるあなたが、そこから何かを読み取り、それを自らの血肉にすることができれば、一冊の本の存在によって、あなたの人生は一瞬にして変わってしまうでしょう。思考が変われば行動が変わり、行動が変われば生き方が変わります。著者をはじめ、本作りに関わる多くの人の想いがそのまま形となった、文化的遺伝子としての本には、大げさではなく、それだけの力が宿っていると思うのです。

沈下していく地盤の上で、他のみんなと一緒に身動きが取れないまま、大きな穴へと落ちていくのか？　それとも、重力に逆らって立ち上がり、前を向いて最前線で戦っていくことを選ぶのか？

星海社新書の目的は、戦うことを選んだ次世代の仲間たちに「武器としての教養」をくばることです。知的好奇心を満たすだけでなく、自らの力で未来を切り開いていくための〝武器〟としても使える知のかたちを、シリーズとしてまとめていきたいと思います。

2011年9月

星海社新書初代編集長　柿内芳文

SEIKAISHA
SHINSHO